E. DESPRÉAUX

Parmi les Ruines

DE

l'ancienne Russie

1ʳᵉ PARTIE

COMMENT S'EXPLIQUE LA RÉVOLUTION RUSSE

Prix : 1 fr. 75

EN VENTE CHEZ L'AUTEUR

PARIS — 76, Rue de Rennes, 76 — PARIS

E. DESPRÉAUX

Parmi les Ruines

de

l'ancienne Russie

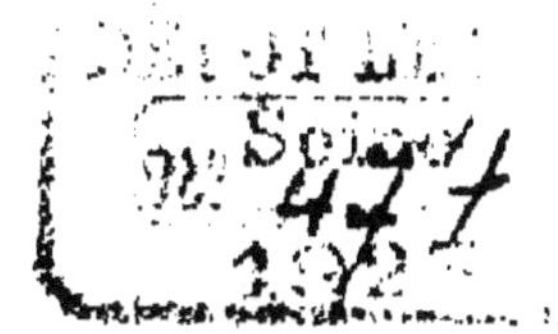

PREMIÈRE PARTIE

Comment s'explique
la Révolution russe

En vente chez l'Auteur, 76, rue de Rennes
PARIS

PREFACE

Les péripéties de la Conférence de Gênes ne sont pas de nature à modifier mon opinion sur les relations futures de la France et de la Russie. Le traité de Rapallo est une réplique aux essais de Ligue Baltique exquissés à Varsovie. Au point de vue politique, ce pacte théâtral est sans doute appelé à un avortement aussi complet que ce fantôme de ligue. Dans le domaine économique, il est vrai, sa consistance est plus solide. Mais nous ne devons pas envisager sous cet angle nos rapports avec la Russie. Il faudrait mal connaître le peuple russe pour le croire disposé à accorder son amitié aux syndicats d'écumeurs cosmopolites qui se préparent à fondre sur ses richesses dans l'espoir de se les partager. Notre abstention me paraît au contraire heureuse et de bon augure pour l'avenir.

Selon moi, la ligne de la politique française, exposée au minimum de déceptions, est celle qui passera par Varsovie pour atteindre Moscou et Pétersbourg. A la condition de ne plus se tromper sur le choix des milieux où nous rechercherons nos auxiliaires. Avant la guerre, j'ai souvent affirmé que la pierre de touche infaillible des sentiments des Russes à notre égard était leur attitude dans la question polonaise. « Je ne crois pas, ajoutais-je, à la sincérité de l'amitié pour la France des Russes polonophobes. » *Je pense de même aujourd'hui des Polonais. Il y a toujours eu, il y aura toujours trois partis en Pologne : le parti autrichien, le parti prussien et le parti russe. Défions-nous des Polonais ennemis de la Russie.*

Quant aux États baltiques, la leçon des événements dont la marche a été si rapide, depuis l'armistice, m'oblige à les considérer comme totalement perdus pour nous. Ces pays sont sortis de notre sphère d'influence pour tomber dans celle de l'Angleterre. De toute évidence, le Cabinet de Londres les a poussés dans le sillage de Berlin. Certains voient dans cette tactique, l'intention de dresser ces anciens territoires des Porte-Glaive qui ne sont, après tout, qu'une fraction historique et géographique de la Prusse orientale contre la Pologne toujours et aussi contre la Russie le jour où ce grand et malheureux pays, enfin sorti du chaos actuel, redeviendra une menace pour les appétits du léopard britannique.

Sans doute, la politique baltique de la sagace diplomatie de l'ancien régime a eu, dans l'Est européen, pour principales assises Varsovie, Riga, Reval, Stockholm. Moi-même, dès le lendemain de l'armistice, je préconisais la reprise partielle de cette ligne de défense des intérêts français, par l'occupation des pays baltes où la population nous aurait accueillis avec enthousiasme. Au surplus, il m'a toujours semblé que notre influence devrait s'y exercer dans un sens amical envers la Russie. Je préconisais la formule : Reconnaissance de l'indépendance de ces jeunes républiques, à la réserve d'ouvrir éventuellement la voie à un plébiscite pour le règlement ultérieur de leurs rapports avec la Russie de demain.

Depuis cette époque, les opinions et les intérêts ont subi là-bas une complète métamorphose, bien que, dans le peuple, de nombreuses sympathies restent acquises aux Russes. Si l'on considère que, politiquement et financièrement, l'Angleterre y est maîtresse, il faut reconnaître aussi que sous son égide l'Allemagne s'y est implantée économiquement en des situations inexpugnables dont quelques-unes ont une importance stratégique peu négligeable.

Est-ce un bien, est-ce un mal, ou simplement un accident passager, que cette perte de nos anciennes positions diplomatiques des contrées riveraines de la Baltique ? L'avenir nous le dira. Mais il y a là un fait dont nous devons tenir compte.

CHAPITRE PREMIER

LE TSARISME ET LE PEUPLE RUSSE

Pierre-le-Grand n'a vaincu qu'à demi.
Anna Iohanowna et l'écrasement des boïards
Absolutisme et nivellement.
Les Mamelouks de l'autocratie.

> *« Les étrangers rasés, les fumeurs de tabac chers à Pierre-le-Grand inspiraient un profond dégoût religieux aux Moscovites barbus couverts de vêtements tartares ou byzantins. »*
>
> Le Tsar et la Révolution (1905)
> par Hippius et Philosophophe.

I

Une victoire définitive de l'Occident sur *la barbarie moscovite*, tel est chez nous, pour l'opinion courante le résultat des efforts acharnés de Pierre le Grand, pour européaniser son peuple. Nos données inconsistantes et vagues sur l'empire des tsars nous représentent, après lui, chaque règne occupé à enfoncer plus profondément, à étendre à des nappes élargies d'année en année des résultats acquis une fois pour toutes. Nous aimons à nous figurer la nation en admiration devant la civilisation occidentale réclamant sa part de cette pluie bienfaisante d'institutions à notre goût, adaptées à notre humeur, et à notre tempérament.

Les relations nouées par nos hommes d'Etat, nos politiciens, journalistes, diplomates et les arbitres de nos salons mondains ou littéraires avec la Russie conventionnelle des sleepings, des palaces, des villes d'eaux et de la Côte d'Azur ne sont pas de nature à modifier cette manière de voir. Comment les représentants de cette Russie-là — *l'ancienne Russie officielle* — ne nous paraîtraient-ils pas pareils à nous? Surtout quand nous les voyons évoluer dans notre milieu. Ne sont-ils pas façonnés aux dernières modes de Paris ou de Londres, bourrés de science allemande, saupoudrés de sens artistique cosmopolite cueilli à courir le *Bædeker* en main, les musées du vieux monde. Mais qu'y a-t-il de commun entre ces serviteurs du tsarisme et la nation ? A coup sûr ce n'est pas la race, sauf d'infinitésimales exceptions. A y regarder d'un peu près, on ne trouverait guère parmi eux que des étrangers de fraîche naturalisation, ou d'authentiques Allemands de la Baltique ou des descendants de ces intellectuels juifs européanisés, membres des fameuses colonies de Juifs convertis fondées par Alexandre Ier. Enfin, des sangs mêlés, d'origines infiniment diverses.

Au surplus, cette extraordinaire mixture d'éléments disparates, cette mosaïque multicolore où toutes les races de l'univers sont représentées et qui constitue « *l'aristocratie russe* » est assez imprégnée d'influences slaves pour s'adapter avec une souplesse extrême à tous les cadres. Elle excelle à dérouter l'observateur et, selon le mot en faveur à Pétersbourg, à « *enguirlander les étrangers* ».

Pour habiller les *questions russes* de draperies fantastiques brodées de lumineuses arabesques, c'est sur cette Russie de convention que la plupart de nos spécialistes ont taillé leurs patrons. A la fable du rouleau compresseur et des avalanches de cosaques marchant sur les faubourgs de Berlin, a succédé celle du Bolchevisme, importation allemande, ne tenant qu'à un fil, du peuple russe réclamant son tsar et une constitution à la mode anglaise ou française.

Au mal russe on s'obstine à ne voir qu'une cause et des remèdes à l'occidentale, à ne tenir compte que dés dires plus ou moins sincères, plus ou moins intéressés des Russes européanisés qui s'étaient taillé là-bas, sous l'égide du tsarisme, une prébende dont ils ne veulent pas se croire dépossédés à jamais.

Voyez cependant le brusque effarement d'un doute, le coup d'épingle d'une angoisse mal définie, déchirant le factice des opinions conventionnelles dès qu'un esprit observateur et perspicace comme Mme Adam s'avisait, avant la guerre, d'aller rendre visite chez eux à ses aristocratiques amis russes de Paris ou du Golfe Juan : *«Plantes de serres » ! « merveilleuses orchidées »*, s'écrie-t-elle à plusieurs reprises.

C'est bien cela ! La floraison d'une brillante corbeille de merveilleuses orchidées dans l'air factice, surchauffé, de palais à l'européenne, clos aux larges courants de l'atmosphère ambiante, à la lente et puissante respiration du steppe illimité, sourds à ses appels, à ses rumeurs, voilà, ou peu s'en faut, à quoi se réduit, vu de près, le bilan des luttes surhumaines de Pierre-le-Grand pour arracher son peuple à ses traditions.

Du conflit, nous n'avons guère vu que le côté extérieur. On nous montre sous un jour à la fois didactique et légèrement comique les mille travaux de cet autocrate charpentier et coupeur de barbes. Là-bas, pour peu que l'on pénètre au cœur de la société russe, ne serait-ce même que d'un échelon au-dessous de *la corbeille d'orchidées*, on remarque vite combien ce qui demeure ancré dans les mémoires c'est le côté douloureusement tragique de ce corps à corps monstrueux d'un homme et d'un peuple. Le césarewitch martyr symbolise pour le mysticisme russe, la nation torturée par la chiourme étrangère à la solde de ce que nous appelons le tsarisme et qu'ils nommaient, eux, communément, « *l'empire knouto-germanique* ».

Sans doute, ce n'est là qu'un trait de la physionomie nationale, surtout quand il s'agit des Russes, si ondoyants et versatiles, il ne faut jamais perdre de vue cette remarque de leur grand Dostoïewsky : « *La réalité est infiniment diverse, à tel point qu'elle dépasse les déductions les plus ingénieuses de la pensée abstraite et elle ne saurait admettre des délimitations nettes et précises. La réalité tend au fractionnement à l'infini* ». Toutefois, de mes impressions de Russie, de mes contacts, qui ont duré près d'un quart de siècle, avec les milieux les plus divers de la nation, — depuis les loyaux serviteurs de la couronne jusqu'aux socialistes révolutionnaires — je garde le sentiment très net que c'est là le trait essentiel, l'armature autour de laquelle viennent se cristalliser les autres données, facteurs multiples que j'essaierai d'analyser les uns après les autres, de classer.

Depuis Pierre-le-Grand, tout ce qui est russe n'a jamais cessé de reprocher au tsarisme d'être en grande partie une machine exotique, montée, conduite par une équipe d'étrangers incapables d'apprécier, de respecter le génie de la race et s'engraissant de sa substance. Cette rancœur contre l'ordre de chose héritier, continuateur de la réforme d'où est sortie la Russie moderne se rencontrait même chez ceux qui croyaient à la nécessité de prolonger le régime.

La façon dont la guerre a été menée devait, dès le début, porter à leur paroxysme ces colères nationales, deux fois séculaires. Ce fut encore pire au lendemain de la Révolution. Ambassadeurs alliés, membres des missions civiles et militaires ne mirent plus désormais aucune mesure, aucune

prudence dans leur rôle de mentor. C'était
à qui afficherait la prétention de contenir,
de gouverner, de morigéner un mouvement dont la profondeur échappait à tous
ces personnages officiels, qui n'avaient jamais connu que le Russe façonné à l'européenne — extérieurement tout au moins
L'étranger, encore et toujours l'étranger !
maugréaient le moujik et l'intellectuel. *N'a-
t-on fait que changer de maîtres ? Qu'ils
aillent au diable !* L'amour-propre du peuple russe était profondément ulcéré, cet
amour-propre immense comme les étendues
du steppe aux horizons infinis. Notez bien
que ce peuple a toujours été intimement pénétré du sentiment qu'il a pour mission de
« *créer quelque chose d'étonnant, d'unique* », de régénérer « *l'occident pourri* », de
qui rien de bon ne peut lui venir.

On n'a pas, selon moi. attaché assez
d'importance à ce qui se passait en Russie
à chaque interrègne.

Le mode héréditaire de transmission de
la couronne sans consultation populaire y
était, il ne faut pas l'oublier, d'usage ré-
cent, imposé par la volonté de Catherine II.
la tsarine allemande. Encore, dans la pratique, les plus zélés serviteurs du régime
se sont-ils empressés d'en corriger au plus
vite la rigueur. Cette loi nouvelle avait le
tort de placer Paul Ier entre le trône et l'élu
à qui le peuple entier le destinait.

Chacun sait avec quelle désinvolture
l'obstacle fut supprimé sans troubler « *l'ordre établi* ». Jamais la formule légitimiste :
« *Le roi est mort ! vive le roi !* » n'a trouvé
d'écho en Russie en dehors des cercles de
la cour. C'était encore, aux yeux des vrais
Russes une des abominables coutumes
étrangères introduites au mépris du vieux
droit moscovite qui confiait le choix du souverain à la volonté nationale, tout au moins
pour la forme.

En fait, chaque interrègne remettait aux
prises l'esprit de traditions, demeuré si

puissant dans le peuple, à tous les degrés
de l'échelle sociale et la conception exotique
de l'Etat représentée par les successeurs
de Pierre-le-Grand et leur horde de janis-
saires étrangers. Invariablement, un compromis avec cet instinct passionné, auquel
il faut bien faire sa part pour éviter l'explosion, marque l'aurore de chaque avènement.

Puis on s'empressait, pour diriger les esprits vers un cours moins dangereux, de
mettre en branle chez les masses quelque
autre passion spécifiquement russe, elle
aussi. Jusqu'au règne du malheureux Nicolas II, les tsars ou leurs conseillers se mon-
trèrent supérieurement habiles à utiliser
ainsi, au profit de l'autocratie les aspirations souvent contradictoires de l'âme
russe.

Dans ce jeu de bascule où les Romanoff
étaient passés maîtres, rien n'est peut-être
plus caractéristique du tempérament col-
lectif de la race que le couronnement et le
règne d'Anna Iohanowna.

C'était, on se le rappelle, la nièce de
Pierre-le-Grand. Peut-être pour l'éloigner
du trône, à coup sûr pour préparer par son
entremise, non pas *l'annexion* mais le rat-
tachement volontaire de la Courlande à la
Russie, l'empereur lui avait fait épouser
le dernier descendant des princes Kettler,
le jeune duc de Courlande. Ce jeune homme
qui avait été dépossédé par Charles XII, devait aux victoires russes sa restauration.
Neveu de l'électeur de Brandebourg, il
avait été élevé à la cour de Berlin et se
montrait inféodé à l'influence prussienne.
Au demeurant, ce n'était pas un aigle. Il
était aussi d'assez frêle santé. A l'occasion
des fêtes de son mariage, on le tua d'orgies
à Pétersbourg. Bravement, il avait fait
front, le verre en main, trois semaines
durant au tsar et à ses redoutables parte-
naires. Mais à peine en route pour ren
trer à Riga avec sa jeune femme, il suc-

comba à la première station de poste. Cette mort n'était pas pour gêner les visées du cabinet russe. La veuve, fort consolable, prit incontinent possession du duché. C'est là que les émissaires des boïards vinrent la chercher pour lui offrir la couronne.

Elle avait toujours eu soin d'entretenir de chaudes relations avec les représentants de la vieille noblesse moscovite hostile aux réformes. Les boïards voyaient en elle une des leurs, aussi attachée qu'eux-mêmes aux anciennes coutumes. En choisissant à l'exclusion des autres prétendants et prétendantes cette princesse si peu européenne par ses goûts, ses habitudes de vie, ils croyaient pouvoir se flatter de briser comme un fétu et de jeter à la voirie ces odieuses innovations étrangères, où les vrais croyants voyaient une manifestation de l'Antéchrist et les créatures plus charnelles un intolérable attentat à leurs prérogatives, car un vieux levain républicain fermentait dans le sang rebelle à tout frein des orgueilleux boïards.

Les envoyés de la grande aristocratie russe, venus à Mitau pour offrir la couronne à Anna Iohanowna, étaient aussi chargés de lui faire signer une sorte de charte et l'engagement de se séparer de son favori Buhren. A la vérité, par les conditions imposées à la future souveraine, les boïards réduisaient à rien la prérogative impériale. Ils assuraient à leur caste l'exercice du pouvoir réel et autocratique. Les intentions de la haute noblesse n'étaient pas ignorées de la multitude des *gens de service* et des familles fort nombreuses qui tiraient avantage du système émanant des réformes de Pierre le Grand. Sur les pas de la délégation officielle, un homme à eux arrivait secrètement à Mitau. Dans le plus grand mystère, il donnait avis à la duchesse de souscrire à toutes les exigences et de patienter jusqu'au lendemain du couronnement où, par leurs soins, tout changerait de face. N'avaient-ils pas pour eux le nombre, le système bureaucratique germano-byzantin, qui a fait si longtemps la fortune du tsarisme, exigeant une armée de fonctionnaires Ameuter la populace contre les prétentions des boïards était un jeu d'enfant. Le peuple russe, profondément imprégné de christianisme social à tendances égalitaires, est à peu près indifférent à la notion de liberté, de dignité individuelle ou collective. Mais il est essentiellement démocrate. Son instinct égalitaire, son besoin de nivellement sont infinis. Il peut éprouver de la crainte ou de l'envie, jamais de respect ni de considération pour les distinctions du rang, de la fortune.

Le moujik réfléchit beaucoup. Observateur malicieux, avisé, il sentait confusément quelles satisfactions le tsarisme autocratique offrait à ses appétits de nivellement en courbant toutes les volontés sous un despotisme uniforme. Ne savait-il pas qu'un décret du tsar pouvait enlever son titre et son rang au plus orgueilleux boïard et à sa descendance et que, par la vertu d'un autre boumagui (document), l'autocrate faisait d'un moujik un prince et d'une serve une impératrice. Les actes d'anoblissement répandus avec une telle prodigalité par la couronne de Russie ne profitaient pas exclusivement aux étrangers.

Et puis, le Russe aime les coups de théâtre ; celui du 25 février 1730 fut merveilleusement agencé.

Le lendemain du couronnement, on remet à l'impératrice une supplique signée des bas officiers, de la petite noblesse, des gens de service. Ils la conjurent, au nom de son peuple, de les protéger contre la tyrannie et la cupidité des boïards et d'assumer le pouvoir autocratique sans contrôle ni limites. Quoi ? La charte qui restreint le pouvoir suprême n'est donc pas l'expression de la volonté de son peuple ?

Certes, ce peuple, elle le protégera contre la grande noblesse. N'est-elle pas la mère du peuple ? Pour lui complaire, elle déchire la charte en séance publique et se proclame tsarine autocrate, non sans avoir accablé d'injures et de menaces, à la face des foules assemblées, les boïards qui l'ont appelée au trône. Buhren, qui est à ses côtés et la conseille, ne laisse pas chômer le bourreau. Les principaux d'entre les boïards sont livrés aux chambres de torture. Les plus grandes familles sortent décimées de ces sauvages représailles. C'est la tragique *période rouge de Buhren*. Elle dura dix ans. Après les hécatombes d'Ivan-le-Terrible et de Pierre-le-Grand, cette sombre époque de Buhren acheva la disparition de l'aristocratie russe comme caste susceptible de jouer dans l'Etat un rôle régulateur. Ce qui survécut à ces coupes sombres, mâté pour toujours, se plia à devenir ce que Pierre le Grand l'avait voulu, un grade dans le service, marchant de pair avec l'anobli du *tschine* et à n'être rien que par le bon plaisir du tsar. Hertzen donne une lumineuse définition de ce mécanisme purement bureaucratique. « *La partie éclairée du Tiers Etat appartient, en Russie, à la noblesse. Elle a un prolétariat nobiliaire qui se fond, en partie, dans l'élément populaire, et un autre prolétariat affranchi qui remonte vers le haut et s'anoblit.* » Enfin, d'après un autre auteur : « *Le despotisme tsarien a su veiller à ce que, non pas les familles les plus ancien-mais les familles ayant rendu à la dynastie actuelle les services les plus signalés, fussent assurées de jouer le premier rôle et ce qui décide de la situation sociale d'une famille, c'est la dose de faveurs impériales qui lui incombe en partage.* »

Ceux qui rêvent d'une reconstitution de la Russie future grâce au concours de l'aristocratie, considérée comme une assise solide de l'Etat, commettent la plus lamentable erreur. A titre de caste héréditaire vouée au maniement des affaires, elle n'existait que dans les provinces baltiques. Le rôle des barons baltes, en tant que corps constitué, est à jamais terminé. Considérée à un point de vue plus général, la « noblesse » russe peut offrir un ensemble de prétentions aux vanités extérieures d'une caste. Elle n'en possède pas le ressort moral, ayant supporté avec trop de docilité, sur le terrain politique, d'être soumise aux mêmes aléas de l'arbitraire autocratique que les « moujiks ». Elle n'offre même pas l'homogénéité d'une *classe*.

Au cours des siècles, les décrets d'anoblissement ou de déchéance des droits nobiliaires dont les tsars ont tant abusé l'ont rendue trop extensible, fragile, disparate et précaire.

C'est ce qui explique la facilité des coups d'Etat qui ont bouleversé l'histoire russe. La tsarewna Elisabeth, *la Bâtarde*, chérie des bas officiers, de la soldatesque et du peuple, parvint elle aussi à s'emparer du trône en faisant appel aux passions populaires. La farouche xénophobie des masses russes avait pris en exécration la famille et l'entourage germaniques du petit tsar Yvan. On fit miroiter le coup d'Etat en faveur d'Elisabeth comme un retour aux traditions moscovites. Les bandes russes, bas officiers, soldatesque et menu peuple se ruaient à l'assaut du trône pour y placer la fille de Pierre le Grand en hurlant : « *La tsarine a donné la permission de massacrer tous les étrangers.* »

Un peu plus tard, le tsarisme sut habilement se faire du slavisme un drapeau cher au peuple entier. Le slavisme, à son début, se manifesta sous la forme d'un mouvement fédéraliste et républicain. Né de la volonté de libération des Slaves du Sud soumis à la domination autrichienne et ottomane, il avait pris corps vers les annnées 1840-48, si favorables aux revendications des nationalités opprimées.

Alexandre II montrait peu d'enthousiasme pour le slavisme. Il n'est pas bien sûr qu'il éprouvât beaucoup de sympathie pour les Russes (1) eux-mêmes. En revanche, sa prédilection pour l'Allemagne et les Allemands est incontestable. La nation lui savait mauvais gré de ces dispositions qu'il ne se donnait pas la peine de dissimuler. Le césarevitch, au contraire, vibrait à l'unisson du peuple chaque fois que l'orgueil ou l'intérêt russes étaient en jeu. On le savait partisan de la croisade du slavisme contre le germanisme. Son règne ne démentit pas les espérances que la conscience nationale plaçait en lui. Fermement résolu à maintenir la paix, son programme fut : A l'intérieur, *la Russie aux Russes* ; à l'extérieur, mâter, par l'alliance francorusse, les appétits d'hégémonie de l'Allemagne. **Tous les actes de** son règne furent le développement logique, constant, autoritaire de ce programme. Beaucoup de Russes libéraux **à l'extrême** se résignèrent à supporter l'absolutisme d'Alexandre III en raison des immenses services rendus à la cause nationale par ce despote patriote.

Par le fait, les intellectuels de tendances avancées, mais attachés à leur patrie, se rendaient compte des difficultés de la tâche.

---

(1) A cet égard, les Mémoires et la Correspondance de Bismarck, jettent un jour très curieux sur les rapports des tsars et de leurs sujets « *russes* ». Un jour le tsar confie à l'ambassadeur prussien que pour soigner une maladie intime dont le traitement exigeait des frictions dorsales il le priait de lui découvrir à Berlin un docteur digne de toute confiance. Très surpris B... ne peut se retenir de faire observer à l'empereur qu'il lui paraîtrait préférable qu'il fit appel au dévouement d'un de ses sujets. « Un Russe ! réplique le tsar, jamais ! Je suis sûr d'un Russe aussi longtemps que je le tiens sous le poids de mon regard. Le dos tourné, je ne puis plus m'y fier ! »

Il fallait, avant tout, arracher le pays à la tutelle étrangère. Mais l'état arriéré de la civilisation et l'immense prépondérance d'une population paysanne illettrée et apathique, rendait épineuse la substitution, dans tous les rouages de l'Administration, des nationaux aptes à leur emploi à cette multitude d'Allemands installés dans les fonctions du Gouvernement et de la bureaucratie civile et militaire comme dans un monopole deux fois séculaire.

Au surplus, ce régime d'implacable autocratie offrait de larges satisfactions aux tendances démocratiques et égalitaires des masses russes. Un peu partout des écoles s'ouvraient, accueillantes aux enfants des *moujiks* comme à ceux des hautes classes. Les diplômes universitaires égalisaient les droits de tous les *Russes orthodoxes* à l'obtention des charges administratives. La bureaucratie se russifia avec une rapidité prodigieuse, surtout dans les rangs inférieurs ou moyens. Un esprit différent du tout au tout de l'ancien anima l'organisme, dont les cadres et la réglementation demeuraient à peu près immuables (1).

La structure de l'Etat russe était l'œuvre de caporaux prussiens que les tsars avaient engagés pour en faire les gardes-chiourmes des Russes. Elle devenait un non-sens dès que l'on considérait les Russes, tous les Russes, comme aptes à s'administrer eux-mêmes et qu'on les préférait à leurs anciens moniteurs. Ils se sentaient mal à l'aise au milieu de cette législation si peu en rapport avec leurs façons de penser, de sentir, leur conception très particulière de la famille, de la Société, de l'Etat.

Cela faisait un peu l'effet d'un amas de matériaux neufs — dont beaucoup de qualité supérieure, — amoncelés par un archi-

______

(1) En 1905, les Baltes ne manquèrent pas d'attribuer à ces transformations le progrès des doctrines révolutionnaires. (Voir *Die Lettische Revolution.*)

tecte imprévoyant pour soutenir les vieux murs croulants d'un édifice en ruines. Il était évident que la catastrophe menaçait cette singulière construction mouvante et disjointe.

Les Cosaques eux-mêmes, qui continuaient à monter la garde avec leur *nagaïka* commençaient à s'indigner de leur rôle obligatoire de gendarmes *knouteurs*. Ils réclamaient l'abolition des lois d'exception imposées à leur pays.

Toutefois, par une heureuse coïncidence, le règne du *russificateur* procura à la Russie une ère de remarquable prospérité économique. Les progrès du bien-être et de l'instruction, le sentiment qu'avaient les Russes de leur importance dans l'Etat leur rendaient la période d'attente plus facile.

A son avènement, Nicolas II s'était bien engagé à suivre la même ligne politique que son père. Sa sincérité et sa bonne foi sont hors de cause. On ne peut même pas prétendre qu'il ait véritablement fait machine en arrière sur la voie ouverte par Alexandre III. Mais il y eut des arrêts brusques, comme si le machiniste, pris de vertige, ne voyait plus de salut que dans le retour aux anciens auxiliaires. Ce tsar malchanceux manquait d'étoffe tant pour le caractère qu'au point de vue intellectuel. Borné, têtu, versatile et faible, les événements et son entourage le tiraient à hue et à dia. La prépondérance allemande reprit tout de suite le dessus dans cet entourage. Les charges de cour demeuraient aux mains des barons baltes. Franchement antiallemande sous le règne d'Alexandre III, l'impératrice douairière était tombée sous l'influence des Baltes dès son veuvage (le sinistre Rennenkampf, fort bel homme d'ailleurs, était dit-on sa créature). Quant à l'impératrice régnante, l'imputation d'Allemande attachée aux choses et aux gens de son pays d'origine, dédaigneusement hostile à l'égard des Rus-

ses, lui était adressée par les fonctionnaires
dévoués au régime et appelés à l'approcher
fréquemment aussi bien que par le peuple,
la foule anonyme, l'opinion courante. Il est
rare qu'une opinion aussi unanime soit en-
tièrement dénuée de fondement.

M. Paléologue, il est vrai, se porte garant de la russification profonde et absolue
de l'impératrice. Quelle preuve apporte-t-il ?
La docilité d'Alexandra-Féodorowna à subir le joug de Raspoutine ? Ne peut-on pas
entrevoir d'autres causes, plus plausibles,
au pouvoir de l'hypnotiseur sur son *sujet ?*
Les crises d'hystérie de l'impératrice se
sont manifestées en public pour la première
fois pendant la période de répression qui a
suivi les troubles de 1905. Elles étaient pro-
voquées par un cas sentimental et pas-
sionnel que les femmes russes sont assez
peu portées à prendre au tragique. Par
ailleurs, de l'aveu de M. Paléologue, la tsarine tenait de son atavisme certaines pré-
dispositions au mysticisme religieux mor-
bide, dont le puritanisme anglican et l'illu-
minisme allemand ne sont pas exempts.
L'existence séquestrée, qu'elle menait
dans la hantise de l'attentat terroriste
n'était guère propre à rendre le calme à
un organisme mal équilibré.

Quoi qu'il en soit, la révolution de 1905
fournit aux Baltes l'occasion de reconquérir
auprès des souverains le rôle et l'influence
perdus sous le règne *russificateur* d'Alexandre III. Depuis longtemps, les libéraux russes les flétrissaient du surnom de *mamelouks de l'autocratie.* Une fois de plus, ils
justifièrent ce qualificatif en s'appliquant à
prouver à Nicolas II et aux impératrices
que *la poigne allemande* était seule capable
d'étouffer la révolution (1).

Mais, entourés d'un monde d'ennemis, ils

____

(1) Voir *Die Lettische Revolution*, par un baron balte dont l'anonymat est le secret de po-
lichinelle.

se sentaient trop peu nombreux pour cette tâche gigantesque. De là leurs efforts hâtifs pour attirer en Russie, à titre de renfort, une foule de nouveaux colons allemands, de préférence dans les provinces de la périphérie occidentale.

A la tribune de la Douma et dans la presse, les Russes ne se lassaient pas de signaler les dangers de cette méthodique invasion. Il est peut-être fâcheux que nos diplomates n'aient pas tenu compte de ces avertissements dans leur évaluation du facteur russe à la veille de la grande guerre.

CHAPITRE II

LA RELIGION RUSSE SOUTERRAINE

Le raskol et l'orthodoxie officielle.
Observances de pure forme et piété réelle secrète.
L'illégalité est de règle en matière d'état civil.
Succès du prosélytisme catholique de Joseph de Maistre.

> *Tôt ou tard se produira un choc entre l'Europe et la Révolution russe. Vous aimez le juste milieu, nous aimons les extrêmes ; vous êtes sobres, nous nous enivrons toujours ; vous êtes justes, nous sommes sans lois. Vous possédez la cité du Présent, nous sommes les chercheurs de la cité de l'Avenir. Enfin, au-dessus de la plus grande liberté que nous puissiez avoir, vous reconnaissez la puissance de l'Etat. Nous, au fond de notre esclavage, nous n'avons jamais cessé d'être des rebelles et des anarchistes. »*
>
> (Le tsar et la Révolution, 1905.)

II

Comment comprendre la Russie sans tenir compte de sa prodigieuse littérature révolutionnaire, polémique ou doctrinaire, politique et religieuse ?

Le mouvement politique nettement organisé en vue de renverser le tsarisme ne remonte pas au delà des premières années du siècle dernier. Il faut placer à une date bien antérieure le début de l'agitation religieuse révolutionnaire. Depuis qu'ils se sont séparés de l'Eglise officielle remaniée par Pierre-le-Grand, les vieux croyants ou *raskolniks* n'ont jamais abandonné l'espoir de renverser l'*antéchrist* que personnifiaient à leurs yeux l'Église officielle et son chef laïque : le tsar (1).

A la farouche hostilité des raskolniks à l'égard du pouvoir, celui-ci répondit par une guerre à mort. Avant d'être absorbée par la découverte et la répression des complots politiques, la gendarmerie de l'autocratie donnait la chasse *aux vieux croyants* comme à des bêtes féroces. Déportations en masse en Sibérie, tortures, perte des droits civiques, aucune des odieuses méthodes de la machine à représailles du tsarisme ne leur fut épargnée.

Le manifeste de 1905 mit fin à ces pratiques barbares. Il faisait bénéficier les adeptes du raskol, sous la forme d'un bon plaisir encore précaire, d'un régime de tolérance succédant à plus de deux siècles de persécutions. Auparavant, ces sectaires avaient obtenu à différentes dates l'autorisation d'essaimer par colonies peu nombreuses et à peu près hors la loi en quelques gouvernements de la périphérie. Le pouvoir central ne les jugeait pas dangereux disséminés parmi les populations non russes de l'empire. Aux époques de répression particulièrement cruelles, on avait vu leur exode en masse en Autriche et en Turquie où ils formaient des noyaux assez importants. C'est en territoire étranger seulement qu'ils jouissaient du droit d'entretenir des monastères et d'exercer leur culte en public.

Vis-à-vis des raskolniks de Russie, les colonies de vieux croyants d'Autriche et de Turquie jouaient un peu le même rôle que Rome pour les catholiques. Il est merveil-

---

(1) Les premiers soulèvements éclatèrent dans les rangs de l'armée russe d'occupation à Paris, en 1815. Au retour de la campagne de France, les premières sociétés secrètes étaient **créées.**

leux de constater avec quelle adresse les adeptes communiquaient entre eux par-dessus les frontières, glissant entre les mailles, pourtant si serrées, du réseau policier des tsars. C'était un va-et-vient continu d'émissaires, de quêtes dont les produits, très considérables, passaient intacts au trésor central de l'Eglise du *raskol* à l'étranger.

Très au fait de ces particularités, les Polonais parvinrent à intéresser à leur cause les raskolniks d'Autriche et de Turquie. La révolution de 1848 avait ouvert de grandes perspectives à leurs espérances. Leurs émissaires portèrent le mot d'ordre aux adeptes de Russie. Ils prêtèrent aussi leur concours à l'insurrection polonaise de 1863 qui leur promettait de leur livrer, sous le protectorat polonais la Russie méridionale, l'Ukraine et la Bessarabie. Sur le conseil des Polonais, Napoléon III se servit des vieux croyants pendant la guerre de Crimée, jusqu'au moment où leur haine pour l'Islam les mit en garde contre le danger de trop affaiblir la Russie, même tsariste.

Ce serait une erreur de voir dans le raskol une secte sans importance de rêveurs aigris et agités conspirant aux frontières et sans attache avec la nation. Les raskolniks sont au contraire des patriotes persuadés de l'importance de la mission historique de leur peuple pour le triomphe des préceptes chrétiens appliqués à la politique. La doctrine sociale égalitaire du christianisme primitif est entrée dans leurs âmes à une profondeur insoupçonnée. Ils se croient appelés à réaliser la cité de Dieu sur la terre en débarrassant l'Eglise russe des scories d'importation étrangère.

Eckart pouvait écrire avec exactitude en 1869 : « *Le peuple russe, les marchands, le bas clergé se donnent au* raskol *par haine de l'élément étranger qui a travaillé aux réformes de Pierre-le-Grand.* »

Dès mon arrivée à Riga vers 1892 une circonstance fortuite et assez piquante m'a initiée d'une façon bien inattendue aux dessous illégaux de la vie religieuse occulte, ardente, passionnée des Russes, en apparence les plus zélés adeptes du rite officiel.

Je vivais dans un milieu polonais où j'étais sensée me préparer par des leçons au pair au professorat d'allemand et je m'étais liée d'amitié avec une Française d'intelligence et de savoir distingués qui s'était chargée d'un préceptorat dans une famille russe connue à Paris. Elle élevait, avec le concours d'une multitude de professeurs de langues et de nationalités variées, un garçon d'une douzaine d'années, souffreteux et de physionomie ingrate, fils unique de la belle Tatiana Pétrowna, comme on appelait couramment Mme P. C'était une veuve robuste et florissante établie dans le stade agréable de la trentaine. Elle promenait de salon en salon, de fête en fête, une beauté opulente encadrée de toilettes harmonieuses et hardies. De famille noble et pauvre, elle avait épousé très jeune un vieux négociant immensément riche, perdus de débauche. Par testament, il lui avait laissé toute sa fortune, à la condition de ne pas se remarier et rien, pas même la plus modique pension si elle convolait en secondes noces. Ces arrangements testamentaires n'étaient pas rares parmi les riches marchands russes qui s'étaient offert à coups de roubles une jeune et jolie femme d'une classe supérieure. C'est à croire à la persistance, dans la complexité de leurs sentiments d'un peu de cette rancune silencieuse, méprisante et invétérée du « moujik » contre la classe des « barines ». Rancune dont Dostoïewski nous montre les manifestations même au bagne. Chez les Russes du grand monde la tolérance la plus large au contraire, est à l'ordre du jour.

Mme P. s'était prise pour moi d'un goût très vif et m'accablait d'invitations. C'est ainsi que je passai dans sa maison mes premières vacances de Pâques. Elle habitait dans un faubourg de Riga un coquet petit hôtel en bois à deux étages orné de perrons, de balcons, de vérandahs faits de colonnettes de menuiserie déchiquetée à la mode moscovite. Il lui venait de son mari. Avant que la manie des casernes sur le modèle berlinois ait envahi Riga beaucoup de bâtisses de ce genre embellissaient les faubourgs ombreux et tranquilles. Le contraste était grand entre leur extérieur fruste et l'ampleur des dispositions intérieures où tout dénotait une savante entente du confort, le luxe d'un nombreux personnel, des habitudes dispendieuses. Des dissonances de cette nature n'étaient pas rares dans l'ancienne Russie. Il faut en chercher la cause dans les bizarreries de la législation tsariste. Au temps du régime autonome, la municipalité de Riga confinait dans les faubourgs les Russes de race servile qui se livraient au négoce ou à différents métiers. Les Russes sont très bien doués pour le commerce. Beaucoup de ces serfs devenaient millionnaires en peu de temps. Ils se faisaient alors construire ces jolis hôtels modestes et confortables et menaient un train princier. Mais jusqu'en 1863 la loi les obligeait à avoir à leur porte un écriteau avec cette inscription : serf de... et le nom de leur maître. La maison de Mme P. était somptueusement meublée à l'orientale. Au rez-de-chaussée très élevé sur un sous-sol où se trouvaient les cuisines, l'office, le logement du régisseur, nous occupions, mon amie et moi, un appartement composé de deux jolies chambres séparées par un petit boudoir et donnant sur une enfilade de salons de réception.

Le Jeudi-Saint, à une heure assez matinale, mon sommeil fut interrompu par des cris sourds et plaintifs, mais très nourris, qui partaient du sous-sol. Dans l'atmosphère d'une chambre, d'un entourage qui ne sont pas familiers, la demi-conscience d'un brusque réveil crée une disposition favorable à l'effroi, à l'angoisse. Ce tapage inso-

lite me parut inquiétant. Ces cris ne ressem-
blaient à rien de connu, mais ils expri-
maient une plainte désespérée dont il était
impossible de méconnaître la désolation et
l'amertume. J'appelle mon amie pour lui
suggérer de nous lancer dans une tournée
d'exploration. Mon inquiétude la met en
gaîté. « Ça, mon petit, m'explique-t-elle
dans un éclat de rire, ce sont les hurle-
ments des vieux croyants ! Tatiana Petrowna est généreuse et ils s'égosillent en
conscience. Cela va durer jusqu'à mercredi.
Tiens ! c'est vrai ! j'ai oublié de vous pré-
venir ! Surtout n'en parlez à personne. Il
y va de la Sibérie pour les « raskolniks ».
Bien sûr, on ne ferait rien à Tatiana Petrowna, et s'il fallait les envoyer tous en
Sibérie, la Russie serait vide ! L'Administration ferme les yeux, d'autant plus que
beaucoup de fonctionnaires au fond du
cœur... Mais il y a parmi la troupe d'en
bas de vieux prêtres qui ont déjà tâté des
cachots et que l'on pourrait bien envoyer
y finir leurs jours. »

Au déjeuner, Tatiana Petrowna fut mise
au courant de ma frayeur. Elle m'initia
alors aux dessous du *raskol*, des ramifica-
tions infinies de l'église proscrite dans tous
les rangs de la société russe, de la puissance de son organisation, de son prestige
moral. On me fit voir la chapelle souterrai-
ne où se célébraient les offices. Ce qui m'a
le plus frappée, c'est le geste presque sauvage de souverain mépris avec lequel elle
fit mine de cracher à la manière des Russes du peuple lorsque je lui fis remarquer
qu'elle suivait les offices du culte officiel
avec une ferveur qui m'avait émue. Puis
ce fut un éclat, comme seuls les Russes,
même les plus affinés en apparence, en tiennent en réserve aux heures de colère : une
kyrielles d'injures, de menaces en russe, en
français contre l'antéchrist, la bête puante,
la diabolique machination *étrangère*. Cette violence de passions religieuses et, par

contre-coup, politiques, chez cette mondaine élégante, frivole, et cultivée, me causa une inoubliable surprise.

Par la suite, combien d'occasions n'ai-je pas eues de constater qu'en définitive la marque caractéristique de l'église officielle était une absence complète de prestige et d'emprise morale.

Dans les églises où officiait le clergé fidèle à la réforme de Pierre-le-Grand, les uns venaient vénérer les icônes avec une ferveur mystique, par besoin de prier dans l'atmosphère de l'encens et des cierges. Les autres, fonctionnaires soucieux de leur avancement, y apportaient avec la préoccupation d'être vus et bien notés, un formalisme protoclaire et recueilli. Mais parmi ces foules, on aurait vainement cherché les fidèles, soumis comme chez nous à l'influence du clergé, à celle d'un directeur spirituel responsable des âmes de son troupeau. Les cérémonies accomplies dans l'extase fugitive d'un bien-être surnaturel, d'une communion avec l'au-delà, le troupeau se dispersait. Chacun retournait à ses affaires ou aux secrètes pratiques de sa secte proscrite, à la méditation personnelle, à la communion en Dieu, sans éprouver le besoin de recourir à l'intermédiaire de la hiérarchie ecclésiastique. Il y a là un phénomène singulier de dissociation. Il n'exclut pas l'idée de solidarité. Les adeptes d'une même secte se réunissent volontiers pour prier ou méditer en commun, le prêtre jouant à leurs yeux moins le rôle d'un personnage revêtu d'un caractère sacré que celui utilitaire et vénérable à la fois de l'*ancien* d'un conseil villageois. Ces dispositions ataviques expliquent, en politique, l'hostilité du Russe pour notre conception européenne de l'Etat et contiennent en germe sa prédisposition a lui préférer le système gouvernemental et administratif issu des Soviets ou Conseils dont le *mir* de la commune rurale moscovite est l'embryon (1).

Dans le domaine religieux, ce quant à soi, cette ferveur de vie intérieure, de communion avec le Divin s'accompagne d'une tendance à peu près générale à jeter les uns le mépris, les autres l'anathème, sur les membres d'un clergé officiel souvent ignares, besogneux et cupides. Etant donné le rôle de ce clergé dans l'Etat, il en résulte des anomalies inconnues de la plupart des étrangers.

Une des particularités les plus surprenantes à nos yeux de la vie de l'ancienne Russie, c'est l'extrême fantaisie dans l'enregistrement des actes de l'état civil.

En principe, l'église orthodoxe du régime tsariste défend le divorce. Dans la pratique, il n'existe sans doute pas de pays en Europe où l'on se démarie et remarie si fréquemment, si facilement. Comme les registres de l'état civil se tiennent dans les sacristies, d'inextricables complications pour les déclarations de naissances découlent de cet état de choses. Elles seraient, par le fait, en majeure partie illégitimes et la légitimation tardive ou la reconnaissance d'un enfant illégitime dans les cas prévus chez nous, par la loi, est impossible. Heureusement, l'ingéniosité des sujets des tsars dépasse de cent coudées l'illogisme d'une législation que chacun s'entend pour enfreindre à qui mieux mieux.

Quiconque a manié comme je l'ai fait pendant tant d'années les extraits de baptême sait comment un système de tolérance tacite et de complicité mutuelle aide à trancher les difficultés. Par exemple, X est divorcé avec Y. Il a épousé Z, mais clandestinement. Selon l'état civil, ils vivent en concubinage. Survient un enfant, la loi en fait un bâtard, sans père ni mère, car Mme

____

(1) Sans compter les autres sectes, très nombreuses, le raskol compte lui-même trois courants.

Z ne manque pas d'avoir un premier mari légal convolé, lui aussi, en d'autres noces. Aussitôt le couple X et Z se met à la recherche de Mme Y remariée depuis longtemps à W, de qui elle a plusieurs enfants. On obtient la permission d'inscrire sous son nom l'enfant de Mme Z et de son mari légal X. Subterfuge auquel elle consent bien volontiers ayant elle-même déclaré ses enfants sous le nom de la première femme de M. W.

Ces licences témoignent de sentiments de famille moins rigides que chez nous, d'une tolérance infiniment plus grande à l'égard des situations irrégulières. Il convient aussi d'y voir de la part de beaucoup d'âmes pieuses une indifférence complète vis-à-vis des lois et du clergé légal, la certitude d'être en règle si l'on a obtenu l'assentiment de sa conscience et la mystérieuse bénédiction d'un prêtre à sa dévotion. Celui-ci à son tour, ne s'estime pas coupable, dès lors qu'il s'arrange pour échapper à la vindicte des Pouvoirs publics.

L'incohérence de la situation religieuse en Russie tsariste établie dans son ampleur et sa diversité met en lumière l'impossibilité de faire fonds sur la solidité de l'église russe orthodoxe et officielle qui constituait la principale assise du régime.

L'avait-on prévu, chez nous, à la veille de la guerre ? On ne nous parlait auparavant de la foi religieuse du soldat russe que comme une garantie de son obéissance passive, force principale, disait-on, de l'armée du tsar. Les impressions de M. Paléologue, revisées, peut-être, au soleil de la Révolution, ne valent qu'à partir d'août 1914. Sa clairvoyance est réelle. Il est regrettable qu'elle ait été si tardive. Chaque Français est en droit d'affirmer que ce retard nous a coûté cher.

Pourtant, ces particularités n'avaient pas échappé à de Custine (Voyage en Russie), ni surtout à Joseph de Maistre. Celui-ci savait que la vie religieuse, si intense, des Russes n'a jamais trouvé un vêtement à sa taille dans le cadre morne, froid, formaliste, de la religion officielle. Il se rendait compte de ce qu'elle avait de hors cadre, disons le mot d'anarchiste.

Le mysticisme russe avec ses immenses réserves de christianisme primitif latent, exerçait sur l'ancien ministre initié des loges maçonniques, des cénacles d'illuminés qu'était Joseph de Maistre, un attrait irrésistible. Ces affinités sympathiques lui ont donné la clé du mystère russe. Mais sa droite raison qui l'avait mis en garde d'entrer trop avant dans les petites chapelles de l'occultisme, laissait à son esprit critique une entière liberté de jugement.

Il n'existe pas un seul des problèmes mis au jour par la Révolution russe que J. de Maistre n'ait entrevu et signalé en en situant la solution au centre même de la vie moscovite. C'est dans sa correspondance diplomatique, trop peu connue, qu'il faut rechercher ce précieux enchaînement d'observations prophétiques.

Dans ses grandes lignes, le jugement de J. de Maistre sur la Russie peut se ramener à quatre catégories de considérations essentielles :

1. Le tsarisme et l'appareil administratif.

2. Le christianisme russe et la religion grecque officielle.

3. La question des nationalités et le slavisme.

4. L'âme russe comme facteur révolutionnaire.

Mais pour un homme de sa trempe, la question religieuse demeura le problème capital

C'est ici surtout que ses facultés de voyant s'imposent à l'admiration de tous ceux qui relisent son diagnostic à un siècle de distance, et au rouge flambeau de la Révolution, qui a jeté bas sans effort, comme un château de cartes s'écroulant à la plus légère chiquenaude, l'imposant édifice de l'orthodoxie officielle. Tandis que le monde entier regardait extasié, jusqu'à la fin de 1917, la puissance supposée de cette institution d'État, de Maistre, lui, en avait deviné, dès le premier contact, le faible et le néant au point de vue religieux. Seule cette découverte explique son attitude en Russie, son zèle en faveur du catholicisme romain. De la part d'un ambassadeur, ce zèle pouvait paraître déplacé à bon droit. En raison de la force que l'on prêtait au colosse auquel il s'attaquait, tout le monde, ou presque, prenait en pitié ses efforts. La mode est assez d'en sourire. Mais il avait compris que les dignitaires de l'église officielle, comblés de biens et tout-puissants dans leur domaine, avaient perdu leur autorité spirituelle en acceptant de faire de la religion nationale l'armature du tsarisme.

N'était-ce pas inévitable, puisque le clergé entrait ainsi au service d'un organisme étranger où coulait à longs traits l'esprit du protestantisme allemand. De Maistre voyait donc une religion officielle toute de pompe, de cérémonies extérieures, mais moralement inexistante, n'exerçant pas le moindre empire sur les âmes et le peuple le plus mystique, le plus débordant d'aspirations chrétiennes qui soit au monde. De son regard d'aigle il saisit le tragique de cet antagonisme.

Par une suite naturelle, l'auteur du livre du Pape devait être enclin à envisager les possibilités d'utiliser ces circonstances au profit de Rome.

A la vérité, le succès de la propagande catholique protégée par l'ambassadeur de Sardaigne, fut très grand dans les milieux aristocratiques. L'abbé Surrugues le célèbre jésuite, habitué des salons du grand monde et qui donnait la communion dans le tumulte d'une soirée à la comtesse Rostopchine, catholique à l'insu de son mari, disposait d'une énorme influence occulte. Le collège des Pères attira bientôt les fils de la plus haute noblesse. D'éclatantes conversions firent du bruit. Mais combien plus nombreux étaient les adeptes qui n'éveillaient pas l'attention du public ayant obtenu de leur directeur l'autorisation de dissimuler sous les dehors des anciennes pratiques commandées par le rite officiel leur affiliation et leur dévouement absolu à l'église romaine.

Cependant, les sociétés bibliques, les diverses associations évangéliques, les barons et les pasteurs protestants des provinces baltiques considéraient ces conversions avec beaucoup d'inquiétude. N'allaient-elles pas sonner le glas de leur situation privilégiée ? L'ambassadeur prussien lui aussi, redoutait le poids d'une influence catholique qui aurait pu modifier les dispositions du Gouvernement de Pétersbourg en faveur de la Pologne. Les hostilités des Allemands de la Baltique trouvèrent donc en lui un précieux auxiliaire. Il fut **aisé de** susciter les défiances et de piquer les susceptibilités du clergé orthodoxe. Le faisceau de ces forces combinées aboutissant au cabinet de l'Empereur, obtint l'expulsion des jésuites. L'ère des persécutions s'ouvrit contre le catholicisme ses adeptes ou ses partisans.

Le prosélytisme catholique de J. de Maistre, ne s'était heurté, dans les sphères élevées qu'il fréquentait, qu'à la seule résistance des Allemands protestants. C'est ainsi qu'il fut amené à étudier avec une grande attention les milieux baltes. Il entretint même avec le pasteur Sontag, de Riga, superintendant de Livonie, une controverse religieuse remarquable de vivacité et de courtoisie. Le mysticisme politico-religieux déchaîné en Allemagne après les guerres de Napoléon et qui devait donner naissance au pangermanisme fut aussi l'objet de ses observations.

Il ne paraît pas toutefois avoir aperçu l'écueil sur lequel, à la longue, la propagande catholique se serait, sans doute, brisée en Russie si les résistances allemandes n'en avaient eu raison en haut lieu. Le christianisme des masses suivait, en dehors du culte officiel et dans la haine farouche de Rome, la prédication des sectaires. La noblesse provinciale, la bourgeoisie des villes de province et le peuple entier étaient réfractaires au dogme catholique.

Par contre, de Maistre a parfaitement deviné ce que ce christianisme populaire renfermait de messianisme politique. Il croyait, lui aussi, à la mission providentielle de la Russie chargée, selon lui, de réaliser à un siècle de distance dans un esprit de fraternité évangélique le programme égalitaire proclamé par la France révolutionnaire.

Car il a été l'un des premiers à signaler l'un des traits essentiels de la physionomie morale de ce peuple dont les facultés contradictoires nous déconcertent. Il insiste d'une façon particulière sur les instincts démocratiques qui courent de l'isba du serf au palais des empereurs.

Dans un tableautin plein de charme il nous montre à Twer la grande duchesse Catherine, sœur de l'empereur Alexandre, et mariée au duc de Holstein, présentant à son mari les gens du peuple et leur servant du truchement. « *Sa maison, ajoute-t-il, est une espèce de couvent. Pendant la soirée Karamzine y fait des lectures sur l'histoire russe. Il n'y a pas d'autre amusement aux soirées de la princesse.* »

Il signale enfin, le rôle du slavisme, instrument d'oppression aux mains du régime et de l'orthodoxie, mais appelé à devenir au milieu de circonstances évoluées un des facteurs de l'émancipation des peuples.

En posant la question des nationalités sur la plate-forme que devait lui assigner la Révolution russe, J. de Maistre a réellement fait le tour de tous les problèmes latents. Toutes ces questions, amenées à maturité par un siècle de luttes, devaient jouer un rôle décisif dans la conduite de la guerre, en projetant au premier plan, pour les Russes, la solution des données d'ordre intérieur et social. Il est curieux qu'à l'approche du dénouement, aucun de nos diplomates ne les ait soupçonnées, tandis que le génial auteur des « Soirées de Saint-Pétersbourg » les avait toutes signalées un siècle plus tôt dans sa correspondance diplomatique.

CHAPITRE III

L'ABSOLU
DE LA FOI REVOLUTIONNAIRE

Réalisme et mysticisme.

Christianisme social et socialisme révolutionnaire.

De Tschadaïew à Lawrow.

Hertzen et les slavianophiles.

Le mouvement panslaviste et la russification.

> *L'autocratie est une religion. La révolution en est une aussi. La révolution russe n'est pas seulement politique, elle est aussi religieuse. Elle est aussi absolue que l'autocratie qu'elle nie. Le peuple russe est réaliste. Ses consolations doivent être de ce monde. La liberté européenne n'apaiserait pas la soif de son âme. »*
>
> (Le tsar et la Révolution.)

III

Chez les Russes, le mysticisme est doublé d'une étonnante acuité de vision, du don de saisir le vrai sous tous ses déguisements. Aucune littérature n'a porté le réalisme à un plus haut degré de perfection. Versatiles et fuyants, ils mettent, à côté de cela, à se dérober une souplesse presque féline sans rien abandonner de leur profonde prédilection pour l'amertume de la vérité. Les âmes d'apôtres et de martyrs détachés de tout, vivant en ascètes pour leur idéal, se rencontrent

par milliers parmi eux. Ils sont cependant
une race violente par à-coups autant qu'apathique dans le train ordinaire de l'existence où ils s'en remettent volontiers pour
tout au hasard. Race sensuelle, jouisseuse
insatiable, vite blasée. La plainte de Boris
Godounow exprime l'angoisse de tout un
peuple.

Il n'est pas de repos pour mon âme
La faim du cœur inapaisée par une posses-
           [sion momentanée
Me laisse froid, ennuyé, languissant.
Ni l'autorité, ni la vie, ne me réjouissent
Je n'ai pas de bonheur !
Je sens la foudre céleste et le chagrin
Hélas ! je le sens !
Au sein du monde misérable, il n'est point
                     [de repos

Néant ! Néant !

Ces contrastes de la large nature moscovite se retrouvent dans leur conception
de la religion. Leur mysticisme n'est pas
aérien, ailé comme celui d'une Sainte-Thérèse, d'une Sainte-Chantal. C'est plutôt la
chaude buée berçant le fumeur d'opium
dans un bien-être immédiat, physique,
languide, impropre à l'action.

Voyez la basilique russo-byzantine large
et trappue, ramassée. Elle s'accroche fortement à la terre, s'y étale. Ses coupoles dorées ou bariolées, bulbeuses, énormes ont
l'air de se poser sur le dôme pour l'écraser, arrêter l'envolée des esprits, ramener vers le sol les oraisons, les pensées.
A la dentelle de pierres de nos cathédrales, à l'idéale beauté de ces lignes s'élançant vers les nues attirées toujours
plus haut par le vertige de l'au-delà, à
cette féerie architecturale caractéristique
de l'aboutissement en plein ciel des aspirations du catholicisme latin, si l'on compare dans la lourdeur de leur architecture
terre à terre l'éclat brutal des ors, des
pierreries, des matières précieuses, tout

ce rutilement de richesses fabuleuses, lourdes de matérialité des basiliques russo-byzantines où le mysticisme somptueux parle surtout aux sens, il devient évident que leur Jérusalem à eux est une Jérusalem terrestre. Ils se préoccupent peu, en effet, des joies ineffables promises par la latinité au juste dans une autre vie belle de la réalisation de tout ce qui est ici-bas défectueux et manqué. Positifs, c'est sur cette terre qu'ils veulent voir régner la justice. C'est dans cette vie qu'ils entendent réaliser le royaume de Dieu, qu'ils rêvent de modeler la loi politique et civile, les relations sociales sur la doctrine chrétienne. L'idée de la sainteté de l'expiation a beaucoup de prise sur leurs imaginations. Elle constitue, en quelque sorte, la dominante de leur sensibilité religieuse, et peut-être l'une des plus nobles de leurs facultés morales. Mais ils la conçoivent de préférence sous la forme d'une expiation sur cette terre, expiation généralement liée à l'unique pensée de la souffrance physique.

Hippius dont le diagnostic sur l'issue de la lutte entre le tsarisme et la révolution a été si sûr, ne se trompait pas en écrivant : « *La religion du peuple russe n'est pas céleste, elle est terrestre, elle est le besoin, l'exigence de satisfactions sur terre.* »

A la condition de ne pas perdre de vue ces données, il est aisé de s'expliquer par quel enchaînement fatal physiologique et psychologique à la fois, le christianisme du peuple russe, profond, intense, débordant d'humaine tendresse, d'indulgence pour le péché est amené à répondre en masse à l'appel des sectaires. La voie de l'obéissance, de la soumission menant aux délices de l'autre vie par l'acceptation des vicissitudes de l'existence charnelle trop imparfaite pour réaliser les préceptes du Christ n'est pas la leur. Ces préceptes sont entrés dans leurs âmes sans retour. Ils en voient la réalisation possible sur cette terre, comme ils voient se dresser la cité du mirage au bord du lac Swietly, quand ils se réunissent à date fixe dans la forêt de Nijni-Nowgorod derrière la Volga, et que leurs ferventes prières appellent l'ère de la fraternité.

Pour les mêmes raisons, le catéchisme des révolutionnaires politiques et celui des révolutionnaires religieux devaient offrir bien des analogies. A l'heure de la catastrophe, une fusion du christianisme social et du socialisme humanitaire devenait inévitable. Elle était appelée à exercer une influence décisive sur les événements.

Cette fusion, sous la forme où elle s'est manifestée sous le nom de bolchevisme, est-elle durable?

Je ne le crois pas.

La guerre, la funeste politique réactionnaire d'intervention armée et de blocus, la possibilité de piller les biens des nobles et des riches ont créé un précipité politique et social dont les éléments subsistent. Mais ils tendent à se dissocier et cherchent d'autres voies. Par un bref examen des idées maîtresses énoncées par les principaux réfractaires, chefs de file politiques ou religieux, je voudrais essayer de marquer de quelques jalons deux ou trois de ces éléments fondamentaux.

En premier lieu, une absence absolue de l'idée de l'Etat, tel qu'il s'est constitué dans les cerveaux latins et imposé aux peuples germains. A sa place, le sentiment d'une fraternelle solidarité, le lien moral d'un devoir de tous à l'égard de tous, une doctrine égalitaire de charité évangélique.

L'émule des francs-maçons, des roses-croix, des Martinistes, Nicolas Nowikow (1744-1818) est pénétré de la grandeur, de la nécessité de cette conception fraternelle des rapports sociaux Par ses associations d'éditeurs, ses Sociétés chrétiennes de bienfaisance, il rêve de frayer la voie à des formes évoluées de collectivités où les associations à base de fraternité chrétienne et composées de membres égaux en droits et en devoirs remplaceront l'appareil rigide et inhumain de l'Etat et de la bureaucratie.

Une conception analogue inspirait le catéchisme des dékabristes. Nulle trace du mécanisme du pouvoir et de l'Etat. Mais une ébauche de systèmes de collaboration exerçant et subissant le contrôle de la collectivité. En somme, le programme initial de l'institution des multiples soviets représente assez bien ces tendances dont le régime des commissaires du peuple est la flagrante négation.

De son côté, Pierre Tschadaïew (1793-1855) se montre tout aussi nihiliste à l'égard du pouvoir et de l'Etat en cherchant en dehors du tsarisme la réalisation des doctrines sociales chrétiennes. Occidental par sa culture au point de n'écrire qu'en français, sa prédilection pour l'église romaine le rattache à cette pléiade de Russes chrétiens et éclairés sur qui la propagande de J. de Maistre en faveur du catholicisme avait eu tant de prise. De tels errements n'étaient pas sans danger sous le règne de Nicolas 1er, véritable incarnation de l'autocratie et de l'orthodoxie. Toutefois, le tsar se montra indulgent à sa manière à l'égard de Tschadaïew. Au lieu de l'enfermer à la forteresse de Pierre et Paul ou de le river aux mines de Sibérie, il se contenta de le déclarer fou et de l'interner dans sa maison en lui ordonnant de n'en jamais sortir et de se considérer comme positivement privé de raison par décret impérial. Tschadaïew réprouve la guerre, les duretés de la doctrine étatiste et rêve, lui aussi, par-dessus les frontières et la patrie la création d'une association fraternelle des peuples basée sur le culte de la vérité et la doctrine chrétienne. Mais pour ouvrir ces voies nouvelles, il ne fait guère fonds sur l'intelligence russe « l'intelligence impersonnelle par excellence » écrit-il. Encore bien moins sur la volonté créatrice de ses compatriotes, ne voyant autour de lui que « l'action profonde du pouvoir, l'influence incessante du sol et presque jamais celle de la volonté publique ». Au reste, il éprouve une invincible aversion pour ce pouvoir et pour les résultats factices de l'œuvre de Pierre-le-Grand qui, ne trouvant chez lui que du papier blanc y traça de « sa forte main, les mots Europe et Occident ». Selon lui, l'Etat, et en particulier l'Etat russe est un mécanisme néfaste dont chaque tour de roue porte atteinte aux principes chrétiens. Il faut faire l'éducation de l'âme par un régime à sa convenance. Ce sont les intuitions des âmes chrétiennes qui fonderont la société équitable dans un esprit de fraternelle charité d'homme à homme, de peuple à peuple. « Ce n'est point, ajoute-t-il, par le chemin de la patrie, c'est par celui de la vérité que l'on monte au ciel. C'est une fort belle chose que l'amour de la patrie. mais il y a quelque chose de mieux, c'est l'amour de la vérité. L'amour de la patrie fait les héros. L'amour de la vérité fait les sages, les bienfaiteurs de l'humanité. C'est l'amour de la patrie qui divise les peuples, qui nourrit les haines nationales, qui couvre la terre de deuils. C'est l'amour de la vérité qui répand les lumières, qui crée les jouissances de l'esprit, qui rapproche les hommes de la Divinité. »

L'amour de la patrie est au contraire profondément ancré dans le cœur du révolutionnaire, du socialiste, du proscrit Hertzen qui a passé sa vie en exil et dont la descendance a cessé d'être russe. Mais pour ce fils du steppe, on dirait que le patriotisme limité au pays natal a des horizons trop resserrés. Il professe le patriotisme de la race. Le patriotisme slave étendu à l'immensité des plaines et des plateaux de l'Europe orientale et centrale où le Slave, fuyant devant les hordes mongoles et turques ou se retournant pour leur faire face, les contenir, a établi ses foyers. A la condition, toutefois, que le Russe reste le pivot de cette unité slave, c'est à lui qu'échoit la mission de conducteur et d'émancipateur de ses frères de race. A l'envisager à titre de prophète du slavisme, de leader du patriotisme russe, d'émancipateur politique et social de sa nation, le rôle de Hertzen apparaît beaucoup plus significatif, plus important qu'à le situer dans le cadre des luttes du socialisme international dont il a longtemps suivi la bannière. Une part prépondérante dans l'émancipation du servage revient à sa campagne de journaliste et d'homme de lettres. Son journal *La Cloche* et ses livres étaient la Bible de la société russe, des hauts fonctionnaires, des gens de cour. L'empereur les lisait. Il redoutait le blâme du journaliste incisif, cher à la nation, du premier écrivain qui ait osé faire, dans une langue accessible à tous les occidentaux, le procès de l'Occident, qu'il rabaisse outre mesure pour exalter l'orgueil national. En Sibérie, les jeunes officiers recevaient, par ballots, en fraude, la Revue et les ouvrages de Hertzen et les distribuaient aux déportés et condamnés politiques. On les commentait dans les salons du gouverneur où pérorait Bakounine proclamant la nécessité de créer la République indépendante des Etats-Unis sibériens, reliée, par dessus le Pacifique, aux Etats-Unis d'Amérique. De tous les coins de la Russie, on écrivait au proscrit : « *Vous le premier vous avez ouvert une ère nouvelle à la parole russe. Vous avez flétri les gens qui tyrannisaient notre bon peuple. Vous ne savez pas combien les cœurs vous sont acquis pour avoir parlé ainsi de notre patrie* ».

Pour Hertzen, la mort de Nicolas-Ier marque la fin du stade de l'opposition irréductible. Il a, déclare-t-il, mesuré le néant des conquêtes de la Révolution en Occident et tourne de nouveau ses regards vers la Russie. Des regards chargés d'espérances. C'est d'elle que viendra le salut. A la nouvelle du décret d'abolition du servage (1863), il écrit : « *Tu as vaincu, Galiléen !* » Désormais, il conseille de cesser toute opposition et de collaborer au gouvernement d'Alexandre II pour réaliser les réformes. Des réformes dont le résultat étonnera le monde. La rupture est alors complète avec Bakounine.

Bakounine, lui, professe pour l'organisation communiste du « Mir » du village russe le plus souverain mépris et cherche la formule du socialisme universel parmi les doctrines de l'Occident.

Pour Hertzen, au contraire, le « Mir » est la cellule sacro-sainte autour de laquelle doivent se grouper les réformes. C'est elle qui s'opposera à la création en Russie d'un prolétariat de fabriques, de salariés sans feu ni lieu avec son cortège de misères, de déchéances physiques et morales. Il croit à la vertu souveraine du socialisme intuitif à l'état latent dans le monde slave où, selon lui, il est né, où il n'a jamais cessé de circuler instinctif et sans système dans toutes les sphères de la Société russe.

« *En Russie*, s'écrie Hertzen, qui vient de faire une fois de plus le procès de l'Occident, *les éléments populaires réunissant beaucoup de ressources entre eux sont capables de comprendre et de créer, pour le droit et la justice, beaucoup plus que le formalisme des peuples germano-latins.* »

Il recommande de ne pas comprendre les *réformes à la mode occidentale :* LIBERTÉ ET MISÈRE. *Il faut avant tout à un homme la sûreté de ne pas mourir de faim lui et sa famille, la sécurité pour les choses indispensables. Donnez la terre au paysan. Don*

*nez-lui en assez et faites des chemins de
fer. Vous verrez alors comme il saura envoyer ses produits dans tout l'empire ».*

La divination du « moujik » est la clé
de voûte de l'œuvre de Hertzen. Déposi-
taire de toutes les vertus que ne ternit
l'ombre d'aucun défaut, le moujik sera
l'assise de la société future à la condition
de prendre pour guide l'instinct communiste qui se manifeste dans l'organisation
du « mir ». Le mir, embryon du soviet.

Que penserait aujourd'hui Hertzen de
sa part de responsabilité dans l'horreur
de la catastrophe actuelle ? Ne s'est-il pas
trop appliqué à déconsidérer auprès de
ses compatriotes les expériences tentées
en Occident ? Sans doute, le résultat de
ces expériences est loin d'être parfait.
Mais s'en remettre uniquement pour atteindre à la perfection qu'il rêvait, à la
sagesse intuitive de la riche nature
moscovite, n'était-ce pas jouer gros jeu ?

Les affres de la douloureuse agonie
dont les cris de détresse déchirent nos
cœurs dispensent de tout commentaire. A
l'heure de la résurrection, les Russes com-
prendront-ils enfin qu'il n'est permis à
aucun peuple de faire table rase des en-
seignements du passé et de construire à
lui seul en suivant la pente de ses instincts, la cité meilleure ?

A partir de 1863, Hertzen et son ami
Ogarioff, réfugié auprès de lui à Londres,
ne veulent plus entendre parler de révolution par en bas. Ils prévoyaient qu'elle
marquerait la fin de l'intégrité territoriale
de l'empire. Brisure qu'ils ne voulaient à
aucun prix. Même au point de vue du
triomphe des institutions démocratiques
sur la base de la justice sociale, ils
croyaient la Russie, une et puissante appelée à exercer une heureuse influence
sur le sort des populations des territoires
de la périphérie, durement opprimées partout sous le joug de la noblesse locale. Ils

suivaient d'un œil favorable l'activité de Samarine dans les Pays Baltiques où ce juriste russe avait pris en main la cause des indigènes (Lettons et Esthoniens) contre les privilèges des barons baltes. Les applaudissements de la nation soutenaient les efforts de ce généreux légiste et la Lettonie et l'Esthonie indépendantes auraient tort aujourd'hui de méconnaître la générosité du concours que leur ont prêté les Russes au cours du demi-siècle qui a vu naître et se constituer leur conscience nationale.

En résumé, le rêve de Hertzen et, après lui, celui des intellectuels qui ont appris à penser dans ses livres était de voir l'empereur se mettre franchement à la tête des réformes politiques et sociales, se charger d'étendre « *la liberté et l'indépendance à toute la Pologne ainsi qu'à toutes les provinces qui ne veulent pas faire partie de l'empire*». La constitution en Russie d'un empire socialiste leur paraissait un stade nécessaire à la condition, toutefois, pour le tsarisme, de répudier la tutelle allemande, et la collaboration de cette chiourme, odieuse à la nation, de nobles ou d'anoblis venus des Pays baltes, de la Prusse ou de la Germanie pour se dresser comme une barrière sanglante de chaînes, de geôles, de tortures entre le tsar et son peuple. *Une botte à l'allemande foule la poitrine de la Russie*, lance Hertzen en écho à l'assertion de Bakounine : « *Pétersbourg n'est qu'une Allemagne déguisée.* »

Ces deux formules allaient devenir le mot de ralliement des slavianophiles à qui nous devrons l'alliance franco-russe.

À ce propos, on ne saurait passer sous silence l'attitude de Hertzen vis-à-vis du slavisme. Rallié à l'empire sur le principe du maintien de l'intégrité territoriale, il ne pouvait guère éviter de donner aussi son approbation aux nouvelles tendances du slavisme gouvernemental, *la russification*. On l'amène aisément à la considérer dans les territoires annexés, en Pologne en particulier, comme un moyen d'éveiller la conscience sociale des classes populaires et de les dresser contre les privilèges de leurs oppresseurs. Il ne marchande pas ses encouragements aux russificateurs quand, avec Milioutine, ils font une brèche dans la forteresse aristocratique de la Pologne féodale en y introduisant la propriété paysanne communale. Sur ce point encore Hertzen a fait école.

Il ne faudrait cependant pas croire que certaines méthodes des *russificateurs* qui ont rendu l'ancien régime odieux dans les pays de la périphérie auraient obtenu son approbation. Son slavisme russificateur demeure profondément humain et libéral dans le meilleur sens du mot. Il rejoint la formule célèbre du farouche internationaliste Bakounine : « *Nos frontières entre la Pologne, l'Ukraine et la Grande Russie doivent être décidées par la volonté des peuples. Le dernier mot est à la Fédération slave. Le salut des Slaves sera la mort des Allemands* » Londres, 19 *novembre* 1862.

Dans l'exposé de la formation- intellectuelle de cette Russie occulte, révélée au vieux monde stupéfait par le coup d'État de février 1917, il faut faire une part aussi à l'examen des doctrines en cours dans les écoles russes sous l'égide du Gouvernement tsariste.

Pour moi, ancienne élève de l'un des premiers en date de nos lycées de jeunes filles, j'ai été stupéfaite, à mon arrivée à Riga, du caractère *systématiquement révolutionnaire* de l'enseignement de l'histoire, dès qu'il m'a été possible de me rendre compte de sa portée.

Il suffisait de mettre le pied dans un de ces *gymnases* où, confondus dans l'égalité familière de la coutume nationale, qui rem-

place les titres par la seule mention du prénom personnel et du prénom du père, des
princes, des princesses et des fils de pope et
de moujiks distribuaient l'enseignement officiel aux fils et filles de leurs concierges as-
sis sur les mêmes bancs que les enfants des
plus hauts fonctionnaires de l'État, pour
se rendre compte qu'une formidable révolution s'élaborait entre ces murs ornés des
portraits des souverains et de la sainte
icône.

Un laboratoire de doctrines sociales, politiques, religieuses, morales, philosophiques d'une hardiesse sans précédent, pré-
sentées dans le rigoureux enchaînement
d'une logique inquiétante, telle est bien l'impression qu'un esprit capable d'observa-
tion emportait d'un premier contact. Main-
tes fois je me suis demandé ce qu'il fallait
le plus admirer de l'audace ou de la ruse de
ces fonctionnaires doux, patients, sérieux,
distribuant à la jeunesse, par tranches ré-
glementées, la manne révolutionnaire de
l'enseignement officiel, à l'aide de petits
manuels scolaires portant l'estampille de la
censure universitaire et celle du Saint Sy-
node.

Sèches nomenclatures, abrégés étonnam-
ment condensés d'une science encyclopédi-
que présentée dans le raccourci de théorè-
mes indiscutables, ils étaient, eux aussi, les
minces volumes d'une apparence honnête,
placide, insignifiante. Livres de tout repos,
autorisés par *la Commission scientifique du
ministère de l'Instruction publique*.

Cédant à la curiosité éveillée en moi par
les réponses de mes élèves, la première fois
que j'ouvris un de ces petits livres, il me
sembla que je touchais à une de ces bom-
bes de dynamite qui ont fait la réputation
mondiale des terroristes russes.

C'est à peine si mes élèves avaient entendu les noms de nos grands classiques du

XVIII° siècle. En revanche, elles étaient infiniment plus versées que moi sur la portée
politique et sociale des œuvres de tous les
écrivains bons, médiocres ou mauvais de
notre XVIII° siècle.

Et quelle connaissance minutieuse de la
signification sociale de la Révolution française. Ce sont surtout les projets de réformes étouffés par la répression réactionnaire
de Thermidor qui leur étaient présentés avec
le plus de soin, pour aboutir, en suivant le
cours des révolutions ultérieures dans toute
l'Europe, à constater le peu d'importance
des résultats politiques obtenus en regard
de l'abominable état de servitude économique imposée aux masses.

Cette atmosphère des gymnases russes, si
différente de celle de nos lycées français,
me faisait vivre dans un monde nouveau,
avide de justice sociale intégrale, indifférent
à l'idée de liberté, de dignité individuelle,
ne comptant que la collectivité.

Autre chose encore me déroutait. Si Rous
seau était Dieu et Robespierre son prophète,
on pardonnait, cependant, à la Gironde son
modérantisme en faveur de son programme
fédéraliste. Le fédéralisme, où doit se noyer
le principe centralisateur de l'État était très
en honneur parmi les milieux intellectuels
de l'ancienne Russie.

Au surplus, pas un mot de louanges, de
blâme ou de prosélytisme dans les manuels
ou dans les cours. Une méthode pour ainsi
dire impersonnelle. Mais un art infini à
grouper les faits selon une certaine philosophie.

Cette absence de critique et de discussion
qu'imposait, sous le régime tsariste, la plus
élémentaire prudence, n'était que trop propre à développer chez de jeunes intelligen-
ces le fanatisme politique, elle donnait à la
jeunesse russe instruite une confiance absolue jusqu'à l'absurde dans les idées toutes
faites puisées au texte imprimé et cette in-

supportable faconde dans l'argumentation qui fait les propagandistes passionnés.

C'est la philosophie de l'histoire, beaucoup plus que l'histoire proprement dite que l'on enseignait dans les écoles secondaires Dans les classes inférieures surtout, cet enseignement, très au-dessus de la portée des cerveaux, n'était pas sans inconvénient. J'avouerai mon indignité. Je n'ai jamais pu entendre sans une forte envie de rire des gamins de 13 à 14 ans pérorer en face d'un professeur sérieux comme un officiant sur la réforme agraire dans l'empire romain et le processus de la révolution économique au temps de César. Mais on chercherait en vain, je pense, en Europe, et peut-être même dans le monde entier, des programmes scolaires laissant une place aussi petite au culte des exploits guerriers nationaux.

Ce sont les doctrines philosophiques de Lawrow qui inspiraient la génération de professeurs avec laquelle je me trouvais en contact, les professeurs de sciences physiques et naturelles tout autant que ceux d'histoire et de littérature. Il a fait école comme fondateur en Russie de la philosophie de l'histoire.

Son tableau historique, écrit un de ses biographes, envisage les grandes périodes au triple point de vue du passé, des problèmes du présent et des germes de l'avenir. Tout en rejetant la religion et la métaphysique comme des survivances, il constate impartialement leurs immenses services rendus dans le passé au développement social et intellectuel de l'humanité.

Il s'efforce surtout de faire ressortir l'importance de l'esprit universaliste du christianisme qui fut un agent puissant de solidarité humaine.

La « *solidarité humaine* » c'est pour Lawrow et pour la plupart des Russes l'essence et l'aboutissement de la morale.

Selon lui, la « période morale de l'humanité ne commence qu'avec le respect de la dignité de nos semblables. C'est notre devoir de combattre toute Société qui prive une partie de ses membres de la possibilité du développement progressif. Une société basée sur la justice représente une coopération de tous pour le développement progressif de tous. Il se plaît à voir dans l'évolution historique de l'humanité la réalisation graduelle de ces principes, l'idée de solidarité se développant au cours des siècles de façon lente, mais sûre et presque ininterrompue.

Fédéraliste, Lawrow considérait l'indépendance des divers éléments nationaux constituant un Etat comme une garantie de progrès.

Aussi bien le rôle de l'Etat lui paraissait appelé à décroître progressivement pour disparaître dans la « participation de tous les individus à la vie commune pour décider en commun des affaires communes. »

Passant la frontière, en dépit de la censure, ces opinions alimentaient les savantes discussions de la jeunesse universitaire.

Pour qu'elles pussent s'infiltrer avec l'estampille officielle dans les établissements de l'enseignement secondaire, il a fallu toute la subtilité slave, l'irréductible opiniâtreté que le Russe, peu porté à la lutte ouverte, en plein jour, cache sous son apparente docilité, une habileté, une ruse, une ténacité dont nous avons peine à nous rendre compte tant elles diffèrent de nos façons d'agir.

Ce n'est pas en vain que, durant environ deux générations, l'école russe s'est chargée de présenter à la jeunesse le développement historique de l'humanité menant par bonds successifs, de révolution en révolution, à la solidarité universelle par le travail de tous pour tous et en réduisant l'Etat au rôle d'une administration en commun des affaires de la communauté.

Tous les autres éléments historiques, systématiquement laissés dans l'ombre comme accessoires sans importance, il devait résulter, au moment de la guerre de l'état d'esprit créé par un tel enseignement de profondes divergences entre les Russes et les alliés de leur Gouvernement.

CHAPITRE IV

FRANCE ET RUSSIE

Evolution nationaliste des communistes léninistes.

Le tsarisme prisonnier de ses contrats avec l'aristocratie des provinces annexées.

La nation et les slavianophiles favorables à l'alliance française.

L'alliance russo-austro-allemande soutenue par la Cour et la haute administration d'origine allemande.

> « Il y a pour la politique russe une limite qui ne doit pas être dépassée ; c'est de ne pas laisser amoindrir le poids de la France en Europe. Avec la paix de Francfort cette limite était dépassée, mais en 1870 on ne l'avait pas encore nettement compris à Pétersbourg. En 1875, j'ai compris que l'on commençait à se demander, sur les bords de la Néva, s'il avait été sage de laisser les choses aller si loin. »
>
> BISMARCK.

IV

A dessein, j'ai laissé de côté les théories des milieux révolutionnaires extrémistes et terroristes. Avec leurs organisations centrales hors de Russie, leurs tendances internationalistes à la marque marxiste, la prépondérance parmi eux d'éléments étrangers, ils n'exerçaient pas sur la nation l'influence que leur attribue en général l'opinion publique de l'Occident. Ils n'ont pas fait la Révolution. Elle n'était pas destinée à réaliser leur programme. A la faveur d'un concours de circonstances fort complexes imputables en grande partie aux fautes des gouvernements de l'Entente et aux intrigues de certains d'entre eux, les extrémistes ont mis à profit le double effondrement du tsarisme et du Gouvernement provisoire. C'est entendu. Un champ d'action extraordinairement propice s'offrait à leur activité que ne bridait aucun scrupule. Absence complète de vie et d'organisation politique des masses, carence des classes intellectuelles, marasme économique inimaginable ! Quelle aubaine pour un parti peu nombreux, mais résolu, prêt à employer tous les moyens et qui avait su s'entourer de mitrailleuses. L'immensité des distances, l'impossibilité pour les populations éparses loin des voies de communication trop rares, de se concerter entre elles leur permettait de ne tenir compte que des centres où ils pouvaient établir un noyau communiste et de laisser tout le reste à l'abandon.

La terre aux paysans, la promesse de conclure cette paix séparée réclamée depuis si longtemps, les avaient portés au pouvoir. Ils s'y sont installés comme l'ennemi en pays conquis et l'on ne voit poindre aucune organisation capable de les déloger. Mais ils n'ont jamais cessé d'évoluer. Pour se maintenir, ils ont incessamment cédé à la nécessité de modifier leur programme. Lambeaux par lambeaux, ils accrochent les uns après les autres à la friperie des révolutions avortées les principes du manifeste communiste. Leur principale préoccupation, c'est de s'adapter aux circonstances pour durer. Il est à peu près admis que le paysan s'est emparé de la terre à titre de propriété privée et que la Russie de l'avenir évoluera probablement dans le sens d'une démocratie rurale. Dans le domaine religieux, leurs efforts en faveur du matérialisme, de l'athéisme n'ont fait que donner un nouvel essor à la ferveur mystique du christianisme russe, plus attaché que jamais au credo de l'Évangile éternel. Mais l'échec du communisme en fait de politique étrangère me paraît beaucoup plus significatif encore.

Quand il s'agit de libérer le territoire, de combattre l'armée blanche russe, ils trouvent des soldats. Ils n'ont que des orateurs et des pamphlétaires au service de leur rêve internationaliste de révolution mondiale. Aussi l'ont-ils abandonné.

La politique du blocus et des interventions armées à la remorque des barons baltes et de leur clientèle pro-allemande leur a fourni une occasion inespérée de se poser en champions de la cause nationale. Politiciens trop retors pour la laisser échapper, ils ont accompli dans cette voie, un recul formidable. Pour s'en convaincre, il suffit de comparer les déclarations de Trotsky à Brest-Litowsk à celles de Ioffe au moment de la signature de la paix avec la Pologne. Tous les journaux de Riga se sont alors gaussés du ton nationaliste, bourgeois-patriote de ses déclarations. L'un d'eux (de langue russe) *le Siéwodnia* en a même pris texte pour morigéner les commissaires du peuple et leur déclarer qu'après avoir traîné dans la boue l'idée de patrie, il leur était interdit de parler au nom de la patrie russe. Le *Siéwodnia* leur lance cette interdiction au nom de l'émigration.

Mais que penser du patriotisme de ces Russes en exil qui invitent l'étranger à envahir leur pays, à l'affamer par le blocus ? Tristes alternatives des périodes de révolution. Nous aussi nous avons eu nos émigrés dont les complots voulaient mettre l'Europe à feu et à sang pour rentrer en France dans les fourgons de l'étranger à l'heure de la curée.

En attendant, plus le régime des commissaires du peuple se prolonge plus les directives de leur politique étrangère s'écartent des données du communisme international pour s'aiguillonner vers la défense des intérêts russes.

Jusqu'au moment de la marche sur Varsovie, leur double objectif était l'accord avec l'Angleterre, la frontière commune avec l'Allemagne et l'écrasement de la France, même, assure-t-on, au prix d'une entente plus ou moins sincère, plus ou moins temporaire avec les pangermanistes. Par la force des choses, la politique russe s'est séparée de celle de la troisième internationale. Celle-ci est à bout de souffle, tandis que l'autre se maintient assez vigoureuse pour mettre en échec dans tout l'Orient, par le réveil du sentiment national et du fanatisme religieux, la domination anglaise. D'un autre côté, la hâte qu'a mise le groupe Stinnes à s'emparer du réseau ferré letton dans le but d'assurer la maîtrise économique de l'Allemagne en Russie est de nature à revivifier les séculaires animosités des Russes contre le méthodique et multiforme envahissement allemand. D'où la préoccupation de renouer avec la France d'amicales relations d'entr'aide et de contre-poids nécessaires en face des impérialismes germano-anglo-saxons. De plus en plus, cette préoccupation se fait jour sous les derniers lambeaux de la phraséologie communiste.

Que les commissaires du peuple parviennent à s'adapter aux exigences actuelles des relations internationales, ou qu'ils cèdent la place à un régime nouveau ce sont, après comme avant le coup d'état d'octobre 1917, les aspirations spécifiquement russes qui donneront sa marque à la Russie de demain comme elles ont marqué celle d'hier. Le plaisir d'avoir autour d'eux, à leur solde, sous leurs ordres, une multitude d'étrangers aux noms et aux titres sonores exerce sur les Russes un attrait irrésistible. Et, à l'exemple des tsars, les leaders communistes ont engagé pas mal de ces oiseaux exotiques au plumage chatoyant.

L'indolence, l'insouciance, l'incapacité à s'organiser, à suivre avec opiniâtreté un but nettement défini, constitue un des traits les plus marquants du tempérament national. Il n'est donc pas étonnant que ces équipes d'étrangers à la fois audacieux et souples, à volonté tenace, arrivent aisément à ligoter le pays dans un réseau d'organisations dont les intéressés découvrent trop tard la signification et la portée. On l'a bien vu à la manière dont la guerre a été menée.

Les Russes manquent-ils pour cela de patriotisme ? Nullement. Ce serait plutôt le sens de l'Etat qui leur ferait défaut. Leur patriotisme est vif, profond, exclusif, mais il ne nous saute pas aux yeux faute de panache. Il n'est pas costumé à l'occidentale. Pour notre façon de voir, ses caractéristiques sont négatives, il n'est ni agressif, ni héroïque, ni chevaleresque, ni même nettement défini, circonscrit. Noyé dans un rêve messianique assez confus, il tend à la dispersion, déborde volontiers sur les autres pays slaves. Sa susceptibilité, qui est extrême, s'enferme à l'ordinaire dans le silence gros de rancunes des gens habitués à être molestés, à subir l'oppression, l'injustice. Mais que d'amour de la terre, de la race, des coutumes vibre dans toutes les manifestations de leur art, de leur pensée ! Quelle puissance de sacrifice à la chose commune dans l'effroyable fardeau de misères acceptées, dans le martyre d'une muette résignation.

Dès la période d'avant-guerre, j'ai vu avec angoisse se dresser entre les Russes et nous le danger de cette incompréhension de leurs aspirations, de leur physionomie nationale. Elle résultait de l'attitude de notre Gouvernement, des représentants de la France officielle. Au moment de la chute du tsarisme, des capitulations du Gouvernement provisoire, les membres des missions civiles et militaires vivaient, eux aussi, trop éloignés des vibrations des masses pour comprendre combien il entrait d'orgueil national dans l'effervescence verbeuse des Soviets de soldats. Paysans, ouvriers, petits bourgeois et même dans le corps d'officiers, les rangs inférieurs jusqu'au grade de capitaine déliraient d'enthousiasme communicatif à la pensée que la gloire leur était réservée de faire triompher dans le monde l'évangile politique et social des temps nouveaux. Si l'on s'était approché d'eux avec simplicité et confiance il aurait fallu, sans doute, bien peu de chose pour leur faire comprendre la nécessité d'anéantir d'abord le *kaiserisme*.

Mais on voulait l'impossible : *supprimer les soviets :* et l'on négligeait le possible : les influencer, les diriger. On s'enfermait à double tour pour examiner avec les représentants de la haute aristocratie les moyens de rétablir l'ancien ordre de choses et on laissait le champ libre à la propagande bolcheviste auprès des Conseils de soldats. Par un singulier hasard, il se trouvait presque toujours un baron balte pour rendre publics les propos offensants tenus par les officiers français sur l'armée russe. Il m'a été donné à moi-même d'apprendre de cette manière à Riga comment un colonel français avait traité à Pétresbourg de « *tas de crétins* » les soldats de l'armée révolutionnaire qui défilaient au chant de la *Marseillaise* et de le répéter au chef de la mission française à Riga en lui demandant d'inviter ses collègues ou ses supérieurs à plus de circonspection. Malheureusement, sur les membres des missions de l'Entente, le seul mot de *Soviet* produisait le même effet que le rouge sur les dindons. « *Je ne m'associerai jamais à cette besogne* » s'écriaient les plus intelligents après avoir reconnu qu'au sein du soviet se trouvaient les seuls éléments capables de revivifier l'armée.

C'est bien grâce à ces partis-pris, à ces désaccords entre les représentants de la

France et la nation russe que les bolchéviks — alors une infime minorité — ont eu la tâche si facile.

Quoi qu'il en soit, leurs efforts ont abouti à l'échec complet du marxisme internationaliste.

Le tsarisme avait amené la Russie au bord de l'abîme où l'a précipitée le régime communiste. Il faut d'abord la retirer du fond du gouffre où elle agonise. La France devrait être des premières à tendre les deux mains à ce sauvetage. Puis viendra l'œuvre de reconstruction.

Réclamons-en notre large part. Mais ne perdons plus de vue qu'il faut tenir compte des courants par où s'est manifestée l'opposition au tsarisme dans ses caractères vraiment nationaux.

A proprement parler, ces courants n'accusaient aucune hostilité irréductible à l'égard du tsar, du principe monarchique. Ils s'attaquaient surtout au tsarisme tel qu'il est sorti de la tentative avortée de copier bon gré mal gré l'Occident. Avec leur sensibilité plus collective qu'individuelle, les Russes s'accommodaient assez bien d'un pouvoir autoritaire, personnel en droit, s'exerçant, en fait, par l'intermédiaire d'une bureaucratie largement ouverte à tous et dont le *tschine* constituait la seule hiérarchie légale. Ils s'en seraient accommodés longtemps encore à la condition que le tsar représentât, comme ce fut le cas pour Alexandre III le principe national : *la Russie aux Russes* et qu'il joignît à ces tendances qui ont valu à *l'Empereur de la Paix* tant de précieux suffrages, la volonté de se mettre à la tête des réformes pour réaliser *l'Empire socialiste*. Le fait que les Russes voyaient dans le tsar la personnification de l'intégrité territoriale de l'empire les invitait à lui beaucoup pardonner. Ils n'étaient pas sourds cependant aux craquements périodiques qui éclataient ici ou là sous l'assaut des aspirations séparatistes des populations annexées. L'opinion était mûre pour une large décentralisation, une revision des contrats d'annexion, une entente avec les démocraties locales sur la base d'autonomies régionales. Les aristocraties locales, au contraire — en particulier l'aristocratie balte — trouvaient avantage au régime despotique et centralisateur à outrance, sauvegarde de leurs privilèges. Le tsarisme était prisonnier des contrats passés par Pierre-le-Grand et Catherine II avec les membres de ces aristocraties à qui ils avaient garanti le maintien de leurs privilèges en échange de leur serment de fidélité.

Toutefois Pierre-le-Grand avait fait preuve d'un sens national très sûr en repoussant les propositions réitérées de Berlin de détruire la Pologne et de partager les territoires de la République entre la Prusse et la Russie. Après lui, la politique du cabinet de Pétersbourg s'est montrée également amicale vis-à-vis de la Pologne jusqu'à la mort d'Elisabeth. C'est la Prusse, et la Prusse seule qui a voulu le partage. En acceptant sa part de responsabilité dans le forfait, Catherine II a rendu un bien mauvais service à son peuple et à sa dynastie. La férocité du tsarisme sur le terrain religieux tenait beaucoup aussi à la crainte que lui inspirait le catholicisme polonais. Là encore, il était prisonnier de son passé. La liberté religieuse aurait désarmé l'hostilité du clergé catholique et détaché de la Révolution la multitude des sectaires et le bas clergé de l'église officielle. Ce bas clergé, si malheureux, si opprimé par les hauts dignitaires ecclésiastiques et les moines fournissait chaque année à l'agitation révolutionnaire de très forts contingents. Le fantôme de la catholique Pologne retenait le geste libérateur.

Bismarck est très utile à lire avec soin sur les questions russes. Il connaissait le pays mieux qu'aucun diplomate étranger. Bien loin de nier le mouvement libéral, il en suivait les progrès avec une véritable angoisse. A son sens, la chute du tsarisme doit fatalement aboutir, à la suite de tâtonnements plus ou moins longs, de fluctuations plus ou moins orageuses, à une constellation politique funeste aux appétits d'hégémonie de la Prusse : l'amitié franco-russo-polonaise. Il doute pourtant de la sincérité de la grande noblesse et du clergé polonais quand ils se prêtent aux démonstrations fraternelles des Russes libéraux. Mais il insiste à plusieurs reprises sur la nécessité de maintenir les dispositions du cabinet russe antipolonaises et autocratiques. « *Au moment du soulèvement en Pologne* (1862-63) *on a été longtemps indécis à Pétersbourg, écrit-il, entre le polonisme et l'absolutisme. Le courant favorable à la Pologne était lié au désir des réformes et d'une constitution, très répandu dans la société russe. Gontcharow et les Russes cultivés et libéraux réclamaient la vie parlementaire pour la Russie et l'autonomie pour la Pologne.* » Il se montre très frappé de l'animosité de tout ce qui est Russe, contre la Prusse en particulier, contre les Allemands en général. A ses yeux, les bonnes relations entre Pétersbourg et Berlin tiennent uniquement aux liens d'amitié et de famille de la dynastie des Holstein-Romanow et à son entourage de barons baltes. Aussi s'applique-t-il à rappeler à ceux-ci leur origine germanique. Autant que Bismarck ils redoutent le triomphe du libéralisme en Russie. Cette crainte lui donne prise sur eux. On va désormais manœuvrer pour faire d'eux auprès des souverains russes les auxiliaires, les instruments de la politique prussienne.

L'accord des Baltes avec Berlin a été un mariage de raison plutôt qu'un mariage d'amour. Je l'admets. Cet accord existait néanmoins. Il tirait même une force singulière de la communauté d'intérêts. De cet accord, de son influence sur les destinées de la Russie en guerre, nulle trace dans le journal de M. Paléologue. Quel habile escamotage, au contraire, du rôle de Rennenkampf dans la catastrophe d'Insterburg et plus tard, quand le même sinistre fantoche mène dans les Carpathes les armées russes à un nouvel égorgement exécuté sur une bien plus vaste échelle. M. Paléologue avoue que Rennenkampf a « *manqué de coup d'œil* » et s'empresse de passer l'éponge. A son avis, les Russes auraient tout à perdre s'ils voulaient sérieusement déloger les Baltes des situations qu'ils occupent. En pleine guerre, de semblables déclarations dans la bouche d'un ambassadeur de France devaient paraître amères à des oreilles russes.

Il est vrai qu'à la veille de la catastrophe d'août 1914 on se refusait à admettre, à l'ambassade de France, qu'il pût exister, en Russie, un danger allemand et une solidarité d'intérêts entre les Allemands du *Reich* et les Baltes. « Les Baltes, répliquait-on dans un sourire extasié, mais ils sont charmants, infiniment plus attrayants d'accueil quel tel ou tel que vous dites de vrais Russes et qui ne savent même pas un mot de français ! »

— Entendu, s'il ne s'agit que du choix de relations sociales agréables. Le point de vue doit changer du jour où les intérêts de la France sont en jeu. Dans l'éventualité d'un conflit armé où nous aurons l'Allemagne pour adversaire, je vous demande de tenir compte de deux particularités d'une certaine importance : ces Baltes, ces russo-allemands de l'aristocratie, affinés, d'une distinction parfaite qui ont, par tradition sept fois séculaire le goût, le culte de la langue et de la littérature françaises sont des germanophiles. Dans les circonstances actuelles , ils ne peuvent pas ne pas l'être ! Ces fonctionnaires russes, au contraire, d'origine démocratique et qui ne parlent pas les langues étrangères, dont les habitudes de vie sont, j'en conviens, très différentes des nôtres, sont francophiles. Ce sont eux qui ont voulu l'alliance et qui la maintiennent.

— Oh ! vous ! Nous savons bien que vous avez une manie, c'est de voir des Allemands partout. Pour nous, nous voyons dans les Baltes, les appuis et les soutiens du trône. Nous sommes les alliés du tsar. La nation, nous ne la connaissons pas. Ce qu'elle veut, ce qu'elle peut ne nous intéresse pas.

— C'est fâcheux ! En cas de guerre, c'est avec la nation qu'il faudra compter.

— Quelle illusion ! Même chez nous, si la guerre éclate la République ne survivra pas deux jours au début des hostilités. »

C'est dans ce mirage, dans cette fantasmagorie que vivait tout ce beau monde de la diplomatie et du corps consulaire — où pullulent, d'ailleurs, les métèques. Que leur importaient les fiévreuses pulsations de la nation qui avait placé dans l'alliance française son espérance de secouer l'emprise allemande ? N'avaient-ils pas mieux à faire ? A admirer par exemple la grâce veloutée des agenouillements de la grande duchesse Serge. Cette princesse allemande, cette altesse ambitieuse qu'à tort ou à raison les Russes accusaient de s'être placée à la tête des intrigues de sérail qui amenèrent la disgrâce du spirite Philippe, précisément, dit-on, à cause de son habileté à évoquer l'âme redoutable d'Alexandre III qui venait aux heures de crise, ordonner à son fils de rester fidèle à l'alliance française.

C'est, je crois, au début de la sanglante année de 1914 que M. Paléologue morigénant la Chambre française, exigeait le vote de la loi de 3 ans au nom de ses engagements avec le tsar. Est-ce aussi par suite de ces engagements que ses subalternes s'appliquaient avec une ardeur redoublée depuis le départ de M. Louis à froisser toutes les susceptibilités des Russes ?

Ce sont les slavianophiles qui ont voulu l'alliance avec la France. Ils étaient hostiles aux Allemands de l'intérieur autant qu'à ceux de l'étranger. Depuis des années ce parti, devenu très puissant, se montrait ouvertement agressif envers les représentants diplomatiques de la Prusse à qui les avanies n'étaient pas ménagées. Il avait déclaré une guerre à mort aux Baltes comme classe dominante en Russie, à leurs privilèges, à leur importance dans l'Etat. « *Le mot d'ordre de tous les slavianophiles, qui avaient le césarewitch* (1) *à leur tête, était l'amour pour la France.* »

Ce sont là querelles de politique intérieure, dira-t-on, et nous n'avions pas le droit de nous en mêler. Admettons-le, quoiqu'il s'agisse bel et bien de l'alliance avec la France ou avec les empires centraux. Mais alors pourquoi prendre parti ouvertement, en toute occasion pour nos adversaires, contre nos amis ?

Les fêtes du centenaire marquent l'année 1912 d'une physionomie particulière. Très artistes, les Russes s'entendent admirablement à la mise en scène théâtrale. Dans le décor d'une fête, la conférence à portées sociales ou politique, sous une innocente défroque didactique convient à leur argumentation passionnée et subtile, à leur dialectique tout à tour insinuante et fougueuse. Le pouvoir savait recourir à ces moyens de propagande presque autant que les militants révolutionnaires.

A cet égard, notre ancien ambassadeur oublie de nous parler des conférences sur la guerre organisées *par ordre* dans tout l'empire dès les premières semaines d'août 1914. Singulièrement suggestif le programme imposé aux professeurs d'histoire ! Pas un mot de l'Allemagne ni de la France ou de l'Angleterre, ni du front de la Prusse orientale. Ces conférences étaient publiques et gratuites. Obligatoires pour tous les fonc-

____

(1) Le futur Alexandre III.

tionnaires, les élèves des universités, des classes supérieures des établissements d'enseignement secondaire. Destinées de toute évidence à bien fixer dans les esprits le caractère et les buts de la guerre, on ne s'y occupait que de la Galicie. Il s'agissait, en réalité de présenter à l'opinion publique la guerre comme une croisade entreprise contre l'Autriche dans le but de délivrer les paysans ruthènes orthodoxes de Galicie du joug de l'aristocratie polonaise catholique. L'opinion publique se montrait peu favorable à l'annexion de la Galicie. A quoi bon disait-on, mettre la main sur ces populations en majorité juives quand notre gouvernement a été incapable jusqu'ici d'appliquer un statut humain et équitable aux Juifs de Russie. La nouvelle de la marche sur Berlin aurait soulevé plus d'enthousiasme. Malheureusement les préoccupations du pouvoir paraissaient tournées vers une autre direction.

En 1912, ce gouvernement avait aussi fait appel au concours des professeurs d'histoire. Dans tous les centres universitaires, les conférenciers devaient opérer d'après un scénario destiné à mettre en relief les titres à la reconnaissance nationale acquis par les Romanow en 1812.

Quelle ne fut pas ma surprise en apprenant le refus catégorique d'un certain nombre de professeurs d'histoire de traiter les sujets prescrits et même de s'associer aux fêtes. Sans réticence ni laconisme, ils justifiaient leur attitude par les raisons suivantes : En réalité, la guerre de 1812 a été une guerre antinationale, contraire aux intérêts russes, entreprise pour complaire à la camarilla allemande toute puissante à la cour. Dans cette guerre, le sang russe a coulé pour préparer l'hégémonie prussienne en Europe.

Sévir contre les récalcitrants ? Il n'y fallait pas songer. Ils étaient trop et l'opinion les soutenait. Partout on entendait murmurer : « Voyez sur qui tombe cette orgie de pensions, de gratifications octroyées à l'occasion du centenaire. Aux descendants de ceux qui ont joué un rôle dans l'intrigue prussienne de 1812 ! Sur les Baltes. Après le sacrifice du sang russe il y a cent ans, c'est celui de nos finances aujourd'hui. Qui nous délivrera de l'hégémonie allemande à l'intérieur ? Aux frais du ministère de l'Instruction publique, un professeur d'histoire publia sous ce titre : *la Guerre nationale de 1812* (1), une brochure où l'on peut lire : « *Si les Allemands des Provinces Baltiques étaient sujets russes, il n'en est pas moins vrai que par affinité de race, de langue, de religion, d'éducation, ils ressentaient profondément les blessures faites par la France à l'Allemagne. Leur haine était grande contre Napoléon. Enfin ces deux classes, haute bourgeoisie et noblesse, outre qu'elles souffraient dans leurs intérêts des mesures prises en faveur du blocus continental, ne voyaient pas sans inquiétude les projets de réformes de Spéransky, menaçants pour leurs privilèges. Elles eurent le talent de persuader à l'empereur que leurs griefs particuliers étaient la voix de son peuple, et la politique russe prit une tendance hostile à la France.* »

L'auteur s'applique ensuite à prouver que le blocus continental, défavorable aux grandes banques allemandes de la capitale, au haut négoce étranger, exerçait une influence bienfaisante sur le développement de l'industrie indigène. L'ambition de Napoléon ne gênait en rien la politique russe à qui il laissait les mains libres en Finlande et en Orient. L'alliance française donnait une grande impulsion aux réformes dont le pays éprouvait l'impérieux besoin. Mais l'attitude déloyale d'Alexandre Ier rendit inévitable l'agression de Napoléon. La Russie et la

---

(1) S. M. Civistski. La guerre nationale de 1812 dans les Provinces Baltiques. Riga 1912 pages 27 et suivantes).

France s'entr'égorgèrent pour le plus grand avantage de leurs ennemis communs.

Au plus fort de ces manifestations, le Consul de France à X.... me déclarait sur un ton d'oracle : « Comme vice-consul à .... bien loin de tenir compte des démarches qu'ont faites auprès de moi les groupes libéraux de la ville, qui se disent francophiles, j'ai choisi un Balte, le baron M.... Oui, oui, un infâme réactionnaire n'est-ce pas. L'Ambassade m'a donné carte blanche ! Je viens, de plus, de me faire inscrire au Club allemand de la Mousse. C'est, en quelque sorte, un geste officiel. Nous tenons à manifester nos sympathies pour les hautes classes baltes et pour ceux que vous appelez les russo-allemands de l'aristocratie. A juste titre, nous les considérons comme les plus fermes soutiens du régime. Et le Gouvernement français tient à prouver.... Oh ! je sais ce que vous pensez !... Justement, la dernière fois que j'ai passé la soirée à la Mousse, j'ai demandé confidentiellement au baron de H..... de me dire s'il est vrai que les prédilections des Baltes vont à l'Allemagne plutôt qu'à la Russie. Savez-vous ce qu'il m'a répondu ?

— Non, mais je serais curieuse de l'apprendre.

— Je vous donne ma parole d'honneur, Monsieur le Consul, m'a-t-il dit, que je suis un loyal sujet de Sa Majesté l'Empereur Nicolas. »

Je tiens ce digne gentilhomme (1) pour incapable de mentir.

— Je crois aussi qu'il n'a pas menti. Avouez, toutefois, qu'il ne s'est pas beaucoup compromis. En sa qualité de loyal sujet de l'Empereur Nicolas, qui l'empêche de travailler à un rapprochement des trois couronnes si cette combinaison lui

____

(1) Ce digne gentilhomme a été ouvertement un des promoteurs du mouvement tendant à constituer un duché baltique sous le sceptre des Hohenzollern en 1917-1918.

paraît préférable à l'alliance française ? La fidélité des Baltes envers la personne du Tsar n'est pas en cause. Mon inquiétude tient à ce que presque tous ont des fils, des frères des gendres non moins loyaux sujets de S. M. Guillaume II et officiers prussiens. Voyez le baron Karl F. v. L. Vous ne m'accuserez pas d'hostilité à son égard. Ma gratitude et ma sympathie lui sont acquises, vous le savez. Cela empêche-t-il son frère d'être le chef de l'Etat-major prussien et de jouir là-bas, grâce à des ouvrages militaires réputés, d'une autorité de premier ordre ? A cause du majorat, le fils ainé de ce général prussien n'est-il pas sujet russe ? Il fait même ses études, ici, au lycée Alexandre. Par égards pour son oncle, il m'arrive, à l'occasion, d'intervenir en sa faveur auprès de Porphire Iwanowitch. Qu'est-ce que cela signifie ? En cas de guerre, croyez-moi, les sympathies de toute la famille seront pour Berlin. Ces complications, ces enchevêtrements de *loyalismes* disparates me semblent anormaux, inquiétants. Regardez autour de vous, vous y verrez, dans toutes les familles, des situations analogues. A mon sens, elles prennent une gravité plus menaçante encore parmi les milieux bourgeois de naturalisés de fraîche date. Depuis quelques années, ils sont légion ! Je flaire parmi eux des multitudes d'agents prussiens ! Ceux-là ne sont pas liés par le serment de fidélité qui engage envers la personne du Tsar, la famille régnante, les vrais nobles baltes. Je tiens à signaler cette distinction. Personne, en effet, n'apprécie plus hautement que je ne le fais moi-même les qualités chevaleresques de la vraie société balte : noblesse, patriciat, bourgeoisie. Mais cette société n'est-elle pas depuis une vingtaine d'années submergée par les flots d'aventuriers venus de tous les coins de l'Allemagne qui se prétendent Baltes, eux aussi. Et puis, en définitive, vous me parlez sans cesse de la guerre ; vous la désirez ! Ne sommes-nous pas les alliés des Russes contre le danger allemand ? »

On peut, en effet, penser ce que l'on veut de la légitimité ou de l'injustice des griefs des Russes contre leurs compatriotes de race allemande, Baltes ou naturalisés du *Reich*. La question pour nous se pose sur un autre plan : les Russes ont voulu l'alliance avec la France comme une garantie contre le danger allemand. Etait-il habile de ne tenir aucun compte de la nation, de sa sensibilité collective si impressionnable et d'afficher, à tous propos, et hors de propos, cette prédilection des représentants de la France officielle pour les éléments allemands de l'Empire ?

CHAPITRE V

LA RUSSIE EN GUERRE

La censure et la propagande pacifiste et anti-ententiste.

Baltes, Allemands et Allogènes.

La hantise de la trahison.

Le tsarisme et la guerre dans les Balkans.

> « Le Gouvernement russe n'a jamais eu de plus dévoués serviteurs que les gentilshommes de Livonie, d'Esthonie et de Courlande. » « Nous n'aimons pas les Russes, disait un jour une des notabilités de Riga, mais nous sommes les fidèles sujets de la famille impériale. » Les Allemands fonctionnaires russes ont été en Russie un instrument de despotisme. Il faut joindre à ce fait leur absolue indifférence à l'égard du sort de ceux qui sont confiés à leur autorité, leur méconnaissance absolue du caractère national, leur profond mépris de la nation. »
>
> HERTZEN.

V

Inutile de feuilleter chapitre par chapitre les défaillances successives par où l'ancienne Russie nous a conduits, de déceptions en déceptions à l'impasse de Brest-Litowsk. J'ai vécu là-bas les années de guerre, en étroit contact avec la nation, souffrant de ses souffrances, tressaillant à ses colères. A aucune minute même aux plus douloureuses, aux plus angoissantes à mon âme de patriote, je n'ai pu m'associer à ceux qui jetaient l'anathème au peuple russe. Peu militaire, il s'est pourtant courageusement battu. Mené à la boucherie par des chefs incapables ou criminels, il a succombé par millions sous la mitraille ennemie qu'il affrontait armé d'un petit bâton et d'une grande théière. Le ravitaillement et les services de l'intendance étaient au niveau des réserves d'artillerie. Dès 1915, la disette, la désorganisation des transports ajoutaient de nouvelles souffrances aux amertumes des défaites imputées à la trahison. C'était à croire qu'aux tranchées et à l'arrière la censure s'appliquait à abattre le moral tant la campagne pacifiste s'affichait insolemment par le tract, la brochure, dans les colonnes des journaux, sous les regards bienveillants des manieurs officiels des ciseaux du Gouvernement de Nicolas II. J'ai parlé autrefois du mot d'ordre (1) imposé à nos officiers en mission pendant la dernière étape de l'avant-guerre : *fermer les yeux et les oreilles* à toute constatation, à toute révélation en désaccord avec les déclarations du Gouvernement tsariste concernant l'armée, l'artillerie, la préparation militaire, la valeur combattive du facteur russe. Aujourd'hui, mon intention se borne à marquer de quelques jalons la chaîne ininterrompue des manifestations par où s'accuse le peu de sincérité de l'ancien régime russe à notre égard.

Il faut que l'on sache en France qu'en août 1914 la Convention de Londres fut annoncée *officiellement* au peuple russe, en ces termes : « Quoique le Gouvernement impérial conserve en réalité toute sa liberté d'action puisqu'il n'existe pas d'alliance offensive et défensive avec les Franco-Anglais... » Sauf dans la Pologne du XVIIIᵉ siècle, il n'y a jamais eu de pays où les secrets de chancellerie fussent aussi mal

---

(1) *Europe Nouvelle*, juin 1919.

gardés qu'en Russie tsariste. Les plus hauts fonctionnaires les divulguaient avec une facilité inouïe En raison du rôle prépondérant des femmes dans la vie politique, pas une ligne d'un traité, pas un mot d'une convention qui ne devint au bout d'une heure conversation de boudoir, thèse à discussion de salon. On connaissait donc, avant même la publication de la note qui précède, les deux points restrictifs du pacte de Londres : la capitale en danger ou la révolution libérant le tsar de ses engagements envers ses alliés. On voit d'ici les intrigues des germanophiles pour ramener le front vers l'intérieur, ouvrir à l'ennemi la porte de la capitale. Mais au premier mot de paix séparée, Nicolaï Nicolaïewitsch avait menacé de marcher sur Pétersbourg et de faire un coup d'Etat.

La nécessité d'une paix séparée était déjà nettement formulée dans les milieux officiels dès mon retour à Riga en octobre 1914, dans le même temps où à Paris un de nos ministres déclarait à quelqu'un de ma connaissance : « Maintenant que nous sommes dans le guêpier à cause de lui, le tsar nous fait chanter. Ce sont chaque jour de nouvelles exigences ou la menace de traiter avec l'Allemagne. »

On connaît les rigueurs policières du tsarisme. N'est-ce pas dans un but de propagande pacifiste que la censure impériale permit en 1915 la publication et la diffusion dans tout l'empire d'une brochure révolutionnaire anti-ententiste d'une extrême violence : *Pourquoi faisons-nous la guerre ?* par M. N. Soukhanoff. Le fait d'avoir toléré l'impression et la vente absolument publiques d'un tel ouvrage à cette date prouve combien le Gouvernement de Nicolas II était peu sincère envers la France et l'Angleterre.

Si un pareil tract de propagande avait vu le jour depuis les débuts de la révolution il aurait fait du bruit dans la presse française bien pensante. Mais comme il date des plus belles heures du *loyalisme* impérial on a gardé sur cette preuve évidente de duplicité, un silence prudent. Il serait cependant regrettable de ne pas présenter une analyse succincte de cette œuvre fielleuse.

Le but de ce pamphlet germanophile était de prouver que les Russes avaient été entraînés dans une guerre contre l'Allemagne uniquement parce que les capitalistes anglais et français trouvaient cette guerre utile à leurs intérêts financiers.

L'auteur s'applique à démontrer que l'Allemagne, par contre, n'avait aucun intérêt à déchaîner une guerre.

Il fait état également d'un discours de l'ambassadeur anglais, d'un article de Robert Donald, rédacteur du *Daily Chronicle*. Selon M. Soukhanoff, dans un document confidentiel, les Anglais avouent leur intention de profiter de la guerre pour remplacer les Allemands sur le marché russe, dans la crainte qu'après la guerre la réalisation de leurs plans ne soit trop difficile. Aussi l'Angleterre s'applique-t-elle à réclamer en Russie des réformes intérieures mais seulement celles qui peuvent être utiles aux intérêts anglais.

« Mais c'est une utopie de vouloir unir dans un tarif douanier identique des pays économiquement aussi différents que la France, l'Angleterre et la Russie.

« La guerre a eu pour cause le désir des capitalistes anglo-français de solutionner à leur avantage, par une victoire militaire qu'ils estimaient facile, leurs conflits économiques et coloniaux avec l'Allemagne partout victorieuse, sur tous les marchés. Mais en quoi la Russie pouvait-elle être intéressée à cette lutte ?

« Son capital, encore jeune est très petit, et les besoins intérieurs du pays, l'absorbent facilement. Il s'est formé, il est vrai, en Russie, une bourgeoisie capitaliste qui voudrait bien suivre les exemples des capitalistes anglais et français. Mais cette classe n'a pas assez d'importance pour exercer une influence prépondérante sur la politique du pays. Quant aux classes ouvrières et paysannes, elles ont besoin de machines et de produits à bon marché que l'Allemagne est seule en mesure de leur fournir à des conditions avantageuses. La Russie n'a pas d'impérialisme colonial et là où elle a des intérêts coloniaux, par exemple en Perse, où les Russes ont engagé de grands capitaux, le seul ennemi des intérêts russes, c'est l'Angleterre. L'Angleterre est aussi un danger pour la Russie en Extrême-Orient. Mais nulle part, la Russie ne peut entrer en conflit avec l'Allemagne. En Turquie, l'hégémonie anglaise est liquidée, tandis que la position des Allemands s'y fortifie de jour en jour. Des possibilités de conflits seraient donc à prévoir pour l'avenir, sur ce terrain, entre la Russie et l'Allemagne. Mais, d'un autre côté il convient de tenir compte du renforcement de la puissance anglaise, résultant de cette guerre, et qui permet aux appétits anglais d'espérer qu'ils se feront céder la Turquie à exploiter. »

Dès les premiers mois de 1915, un journal de Moscou « le Rouski-Slovo » publiait un singulier feuilleton sous ce titre « l'Arbre de la Connaissance ». Heureux mélange de fantaisie et de strict réalisme, cette œuvre est caractéristique de la situation de la Russie vis-à-vis de l'Allemagne. Son auteur Grégoire Petroff, est un ancien prêtre orthodoxe, qui s'est acquis, depuis quelques années, une grande notoriété littéraire.

Il débute par une gracieuse description de la vie monotone des tranchées. Peinture vivante, égayée de cet humour russe, si particulier, fait d'émotion légère, de sincérité narquoise, de coups de griffe durs, enfoncés très profondément, mais rapides, tout

de suite rentrés dans le velours d'une indifférence bienveillante.

La ouate d'un ennui opaque engourdit officiers et soldats dans leur inaction forcée
en face de l'ennemi depuis les débuts d'octobre. Par hasard, dans la brume d'une froi-
de soirée de décembre, des troupiers russes ont rencontré au bord d'un lac voisin,
un groupe d'autres militaires parlant leur
langue *le polonais*. Le drap sombre des uni-
formes voilés des mêmes ténèbres prête à
une confusion momentanée que dissipent
d'amicales explications entre Polonais soldats du Kaiser et Polonais au service du
tsar. On se sépare après promesse de se
revoir. L'habitude de ces rencontres noc-
turnes est bientôt prise de part et d'autre ;
Russes et Allemands, entraînés par la curiosité, se joignent à leurs camarades polonais ; ceux-ci faisant office d'interprètes.
Cordialement, ces hommes arrachés à leur
travail, à leurs habitudes quotidiennes,
s'entretiennent de leurs familles, de leurs
enfants, souhaitant, de toute la force de
leur désir, la fin des hostilités. Comme les
Allemands se plaignent avec insistance des
mauvais chemins, les Russes de leur répli-
quer : « Pourquoi êtes-vous venus ici ? On
n'avait pas besoin de vous, qui vous a appelés ? » Du côté russe, les chefs mis au
courant de ces entrevues les interdisent.
Mais les soldats demandent l'autorisation
d'aller encore une fois au rendez-vous, afin
d'avertir leurs « camarades ennemis » de
n'avoir plus à les attendre à l'avenir. Cette
autorisation accordée, un officier parlant
couramment l'allemand les accompagne. Il
revient de l'entrevue animé de la plus en-
thousiaste admiration pour la supériorité
intellectuelle des simples soldats qu'il a
fait causer longuement. L'un, entre autres,
serrurier de son métier, l'a si vivement im-
pressionné par son instruction, son intelligence, sa bonne tenue, la distinction de ses
manières, qu'il l'a pris pour un écrivain
ou un professeur. Mis en goût par les ré-

cits de leurs collègues, les officiers russes
s'accoutumèrent, eux aussi, à accompagner
les soldats à leur rendez-vous avec leurs
camarades ennemis. Au dire du feuilleton-
niste, ces entretiens avec les soldats du
Kaiser, instruits, raisonnables et raison-
neurs étaient à ce point édifiants et profi-
tables, que l'arbre au pied duquel se te-
naient ces conciliabules, ne fut plus dési-
gné dans les tranchées russes, que sous le
nom d'*Arbre de la connaissance.* M. Grégoire Petroff, transcrit à l'intention de ses
lecteurs, sans en rien omettre, ce cours
populaire de politique, de sciences morales,
d'histoire, de morale et de philosophie, sorti des lèvres éloquentes des troupiers allemands et pieusement recueillis par les officiers russes sous la ramure endiamantée
de givre de l'*Arbre de la connaissance.* A
vrai dire, ces dissertations sont plus remar-
quables par leur ampleur que par la nou-
veauté ou l'originalité des idées. Mais en
Russie, où l'on aime les manuels résumant
sous une forme facile à retenir des axiomes
tranchants et indiscutables, ne laissant nulle prise à la critique, sur toutes les bran-
ches des connaissances humaines, cet éta-
lage de pédantisme scientifique ne pouvait
manquer son effet. Si éloquents et avertis
que fussent ces orateurs, la supériorité allemande pouvait-elle longtemps se conten-
ter d'être représentée, en ces palabres, par
de simples soldats serruriers ou charrons
de leur métier ? Comme bien on pense, de
hauts dignitaires de l'armée du Kaiser re-
joignirent leurs collègues moscovites. Parmi les officiers allemands, les Russes en
remarquèrent un, habituellement silencieux,
qui semblait suivre avec la plus grande attention, les paroles qu'ils échangeaient entre eux, dans leur langue. L'idée leur vint
qu'ils la comprenaient. En effet, s'étant ar-
rangé un jour pour les rencontrer seuls, il
leur dit, s'exprimant en un russe irréprochable : « Je suis de Russie. Ne soyez pas
surpris si je vous cache mon nom et de

quelle contrée je suis originaire... Je suis un Allemand de Russie, et pourtant, je combats contre vous. Mon frère combat dans votre armée et a déjà reçu la croix de Saint-Georges. Il a été blessé, il est guéri et combat de nouveau. Chacun de nous a choisi librement l'armée où il voulait servir. Notre famille vit depuis longtemps en Russie, mais nous sommes tous Allemands. J'ai fait mes études secondaires en Allemagne, et mes études d'Université en Russie. J'aime la nature russe, le libéralisme russe, la langue, la musique, la littérature russes. Et tout à coup cette guerre entre la Russie et l'Allemagne ! Avant la guerre, mon frère aîné avait fait son service militaire en Russie et moi en Allemagne. En m'engageant dans l'armée allemande, j'ai cherché à être envoyé à la frontière française, et jusqu'à présent, c'est là que j'ai combattu. Et maintenant...

— Tout cela, interrompent les Russes, c'est votre cher Guillaume qui en est cause.

— Guillaume ! Guillaume ! se récrie l'Allemand, vous avez une façon bien naïve et enfantine de juger de l'Allemagne et de l'empereur. Le peuple allemand a élevé son commerce et son industrie à un degré inconnu jusqu'ici, et pour les protéger, il devait nécessairement renforcer sa puissance militaire. Un peuple aussi puissant peut-il être mené comme une brebis ? L'Allemagne a créé Guillaume pour son utilité, il la personnifie. Guillaume est un homme d'une grande et productive intelligence ! » Suit une longue nomenclature de toutes les qualités, de tous les talents de l'empereur d'Allemagne, dont le génie égale certainement celui de Napoléon.

Ici, l'emprise allemande sur la Russie jaillit sous des couleurs propres à présenter la guerre entre les deux nations un peu sous le jour d'une guerre fratricide.

Mais cette emprise que la guerre rendait chaque jour plus sensible était envisagée sous un autre angle par la majorité de la population russe. Manque de confiance dans les chefs, hantise de la trahison, certitude de plus en plus marquée de la défaite inévitable, *ou l'impossibilité de vaincre l'Allemand de l'extérieur tout le temps que l'on restait sous la domination de l'Allemand de l'intérieur.*

Tel était le bilan désastreux d'un état de choses dont nos diplomates se refusaient à reconnaître la gravité. Les Allemands ne se gênaient pourtant pas pour proclamer l'adresse avec laquelle Guillaume II avait su envelopper la Russie dans les filets de l'Allemagne en la faisant envahir de longue date par ses marchands, ses musiciens, ses fabricants, ses colons, ses contre-maîtres, ses savants, *on pourrait presque dire ses ministres.*

Dans l'été de 1915, les pertes immenses des Russes dans les Carpathes, la reprise de Przemisl, l'abandon de la **Pologne**, de la **Lithuanie**, de la **Courlande** avaient provoqué dans tout l'empire de véhémentes indignations. La houleuse menace des imprécations nationales ne s'arrêtait même pas au pied du trône, mais prenait à partie l'impératrice, la dynastie germanique et son système gouvernemental et administratif à l'allemande. M. Paléologue parle des mutineries des ouvriers de Moscou. Cet incident, ainsi localisé, ne donne pas un jour exact des profondes répercussions de cette énigmatique et formidable défaite de 1915, qui permit d'enlever son commandement à Nicolaï Nicolaïewitch. La polémique de presse suscitée par ces incidents supplée à cette lacune. Les pogroms moscovites ont éclaté à la suite du refus des directeurs de différentes fabriques d'éloigner les ouvriers, contre-maîtres et ingénieurs allemands et autrichiens.

A la suite de ces incidents, le nouveau maire de Moscou, M. Klimowitsch, s'expri-

mait en ces termes dans une interview re-
produite par le journal *Dienne* (8 juin 1915) :
« Dans la lutte contre les puissances alle-
« mandes, il ne faut pourtant pas perdre
« de vue les intérêts de l'industrie russe.
« Pour moi, personnellement, je considère
« comme impraticable le renvoi de tous les
« contre-maîtres et ouvriers d'origine alle-
« mande employés dans les fabriques rus-
« ses. Qu'y pouvons-nous, si notre peuple
« ne fournit pas assez d'ouvriers capables? »

À cette allégation, la *Nowoïé Wremia*,
l'organe attitré de la lutte contre la prépondérance allemande à l'intérieur, répliquait,
dans son numéro du 12 juin, sous ce titre :
LA RUSSIE N'A NUL BESOIN DES ALLEMANDS :

« Il y a chez nous des *nationalistes* rus-
« ses qui ne peuvent se faire à l'idée d'une
« Russie sans Allemands. Selon eux, la
« Russie doit, naturellement, être la Russie,
« mais elle ne saurait se passer du con-
« cours des Allemands. C'est pourquoi tous
« ces *Allemands russes* sont maintenus
« dans les fabriques, ateliers, entreprises
« de toute sorte. On les garde par patrio-
« tisme. On nous dit : *Toutes les entre-*
« *prises doivent maintenant travailler pour*
« *l'armée, fournir le nécessaire en meilleure*
« *qualité et sans aucun retard.* Pour attein-
« dre à ce résultat, la collaboration alle-
« mande est, non seulement désirable, mais
« indispensable. Car cet élément allemand
« technique est de meilleure qualité. Grâce
« à leur excellente préparation, les Alle-
« mands, depuis l'atelier jusqu'à la direc-
« tion, forment une chaîne nécessaire. Mais
« si nous manquons de techniciens, n'est-il
« pas possible de nous passer de l'élément
« allemand? Nos alliés ne sauraient-ils
« nous en fournir? L'Angleterre est prête
« à nous envoyer ses meilleurs contre-maî-
« tres, la France peut nous rendre le même
« service. La Belgique, occupée par les
« Allemands, a, en ce moment, une sur-

« abondance de forces disponibles dont la
« préparation professionnelle est telle que
« *nos Allemands* n'oseraient se vanter d'at-
« teindre à sa valeur. »

Certains journaux sont dès lors remplis
d'attaques directes et personnelles dirigées,
tantôt contre tel baron, tantôt contre tel
autre. Ceux-ci y répondent, non sans hau-
teur, en protestant de leur loyauté de *féaux
serviteurs de la dynastie.* Ils ne se font
pas faute d'ajouter qu'aux heures troubles
de 1905, les Baltes se sont montrés les plus
fermes appuis du pouvoir. A cela, le rédacteur de la *Nowoïe Wrémia* réplique ironi-
quement : « *Quand donc, messieurs les barons daigneront-ils se dire simplement citoyens russes et nos compatriotes ?* »

Sans ajouter foi à toutes les accusations
positives de trahison, ne faut-il pas conve-
nir que cet enchaînement de circonstances
intérieures très spéciales, devaient susciter
en Russie d'inextricables difficultés dans le
cas d'une guerre contre l'Allemagne. Il y
a de la marge entre la trahison positive con-
crète et l'enthousiasme patriotique poussé
jusqu'au sacrifice. L'inertie n'est-elle pas,
elle aussi, une force ? Le loyalisme envers
la couronne n'exclut pas les menées en faveur de la paix séparée. Nécessairement,
le rôle des Allemands généraux russes ne
pouvait plus être dans la dernière guerre
celui d'entraîneurs d'hommes, comme en
1812, où, s'adressant en allemand aux soldats de York, aux populations de la Prusse
orientale, ils leur disaient : « *Joignez-vous
aux troupes russes puisque, comme vous le
voyez, nous sommes des Allemands, vos
frères ! Les Français sont nos ennemis communs.* »

Il est vrai que Koutousoff et ses Russes,
de 1812 à 1815, se montraient médiocrement
satisfaits de ces harangues. Leur opinion
était d'arrêter aux frontières de la Russie
la campagne contre Napoléon.

On conçoit combien des faits de cette nature fournissaient chaque jour de nouvelles matières inflammables aux polémiques de presse entre partisans et adversaires des Allemands de l'intérieur.

Pendant les périodes de succès, les imaginations se calmaient. Le Russe, facile à vivre, bon enfant, excessivement impressionnable, d'humeur mobile, oublie ses griefs et fait bon ménage avec ses camarades. Mais que la chance variable des combats vienne à tourner, se montre défavorable, voilà ses défiances revenues, de plus en plus violentes. L'*Allemand*, le *baron* est cause de tout le mal. Or, ces *Allemands* sont en grande majorité des *chefs*. Il est aisé de se représenter les fâcheuses conséquences d'un tel état d'âme. Au demeurant, comment la défiance des troupes n'aurait-elle pas été éveillée par cette multitude d'officiers de race allemande qui retrouvaient des parents dans les villes du territoire ennemi, s'entretenaient avec eux amicalement, dans leur langue ? Il faut comprendre l'état d'esprit des populations illettrées et et incultes du centre et des provinces de l'extrême frontière orientale. Ces hommes ont abandonné leur vie de famille insouciante et primitive, mais assurée pour venir, pleins d'entrain et d'ardeur, de passif héroïsme défendre la chère, la sainte Russie, contre un ennemi redoutable qu'on leur a dit être : l'*Allemand*. Ils connaissent leur devoir : une obéissance passive. Après les longs jours d'un parcours monotone parmi les immenses étendues des plaines russes, les voici incorporés dans un régiment où se trouvent les survivants du guet-apens d'Insterbourg, ou des anciens qui ont connu les camarades disparus.

Le jeune paysan, respectueux et docile jusqu'à la servilité envers les supérieurs, écoute, le soir, les récits fabuleux de la première offensive en Prusse. Son émerveillement est extrême. Cette Prusse orientale. qui nous semble, à nous, si pauvre et si nue, non pas même au regard de nos belles et luxueuses provinces, mais en comparaison de l'Allemagne du Sud et de l'Ouest, est apparue, aux yeux éblouis du simple soldat russe, comme un Eldorado. Il y a vu un peu partout des maisons en pierre ou en briques, des meubles tels que l'idée ne lui serait jamais venue qu'il en pût exister de semblables, une excessive propreté, de l'ordre, de l'aisance. A découvrir ce genre de vie, cet ensemble d'habitudes si différentes des siennes, il s'écrie naïvement : « *Pourquoi donc ces gens-là font-ils la guerre, puisqu'ils ont toutes les bonnes choses pour la conquête desquelles on peut comprendre que l'on quitte son village, sa famille, que l'on risque sa vie ! Pourquoi nous attaquent-ils, nous, qui n'avons rien de tout cela ?* »

Mais aussi, on leur raconte comment ces jeunes filles accortes, ces vieillards pacifiques ont attiré dans leurs maisons bien tenues les soldats russes faibles à la tentation, les ont engagés à déposer leurs armes, à se mettre à l'aise pour s'asseoir autour de tables où brillaient les bocks de bière mousseuse. Chez ces adversaires hospitaliers leurs camarades ont trouvé « bon souper, bon gîte et le reste » jusqu'à l'heure de l'égorgement. Au milieu de ces récits tragiques, propres à donner la chair de poule à ces êtres placides et doux, patients, résignés, mais susceptibles de fougue sauvage, tout à coup, sur le passage d'un chef, on se pousse du coude et l'on murmure très bas, craintivement : « *Celui-là, c'est un Allemand !* » Car les anciens les connaissent tous, « *ceux qui en sont* » ou qui sont soupçonnés d'en être. Comment ! Un Allemand ! Il faut le tuer tout de suite ! Impossible c'est un chef ! Il faut lui obéir. C'est lui qui peut nous tuer ! C'est un Allemand de chez nous. Il y en a beaucoup et ce sont des seigneurs. Seulement voilà... ils ont tous des cousins, des frères, des beaux-frères ou des gendres qui sont *d'autres Allemands*, officiers dans l'autre armée. Alors, voilà ! »

A titre de dérivatif, la presse officieuse offrit un jour aux angoisses nationales les espérances de cet entrefilet consolant : « Le Grand Russien arrive toujours à son but, même si ce but n'a pas été mûrement étudié, il s'en va regardant d'un côté, de l'autre, ce qui peut le faire vaciller. La nature et le hasard ont appris au Grand Russien à trouver le droit chemin par des détours et notre avantage réside en ceci que nous savons nous retrouver au milieu des détours et des chemins de traverse. Notre ennemi, au contraire, ne sait employer que les grandes et larges chaussées d'une belle venue. »

Et la nuée des commentateurs pacifistes de prendre son vol bourdonnant à toutes les oreilles : « *Militairement, la Russie a perdu la guerre, grâce à l'incapacité de ses alliés. Sur le terrain diplomatique elle peut se rattraper amplement. Outre des avantages territoriaux l'Allemagne est prête à lui garantir la libération de sa dette envers la France.* »

C'était là le défaut de la cuirasse, le point vulnérable de l'alliance. Le créancier est rarement aux yeux de son débiteur un personnage sympathique. Ce rôle de créanciers nous nuisait auprès des Russes. A ce seul mot, l'opinion publique devenait agressive, jetait feu et flamme. Non seulement les milieux extrémistes, assez fondés, à leur point de vue, à nous reprocher d'avoir sauvé le tsarisme à coups de milliards. Mais, disaient les autres, en échange de cet or, la Russie, pour sceller l'alliance, n'a-t-elle pas accepté des charges militaires dont elle n'avait que faire. Capital et intérêt, les Français devraient annuler la dette ! Cette manière de voir si générale a été plus tard un puissant atout dans la main des Bolchevicks.

Depuis longtemps, nos ennemis jouaient de cette carte contre nous en sourdine.

L'été, l'automne et l'hiver de 1915 ont exercé une influence décisive sur la marche des événements. Dès lors, le fossé entre la Nation et le Gouvernement devient un gouffre où doit sombrer le pouvoir. Les illusions ne sont plus possibles. Par une série d'actes téméraires ou funestes l'ancien régime a rompu les derniers fils ténus et fragiles unissant encore son sort à celui du peuple. Ulcérée, en plus de la défaite par le choix malencontreux de collaborations étrangères, à tort ou à raison suspectes à ses yeux, la Nation se décide à chercher sa voie en dehors des autorités. A son sens, la guerre est irrémédiablement perdue pour elle. On tient cependant encore à la prolonger mais, à la vérité surtout, désormais, en vue d'utiliser la vie des tranchées pour gagner l'armée, les masses paysannes à la cause de la révolution : *d'une révolution nationale* contre le Gouvernement accusé d'être une succursale du grand quartier général allemand. Les écoles de praportchik (adjudants) nouvellement ouvertes, où affluent les instituteurs primaires et la foule des demi-intellectuels d'autant plus aigris et mécontents que leur existence est plus rude, précaire, humiliée, leur horizon plus étroit, vont devenir une serre chaude, pépinière de propagandistes passionnés.

Les initiatives impériales, il est vrai, se succèdent maladroites, intempestives ou si offensantes pour l'orgueil national qu'elles prennent par instants l'allure de provocations. Prince malchanceux, s'il en fût, Nicolas II était, de toute évidence, moralement et intellectuellement outillé pour hâter la catastrophe. Ses décisions, même quand elles partaient d'un bon naturel, d'une inspiration noble ou généreuse devenaient invariablement dans la pratique nocives par leur inopportunité ou par on ne sait quel funeste assemblage de détails accessoires.

Il y a ainsi dans la vie des malheureux par prédestination. Dépourvus d'adresse, de grâce et de charme, leurs gestes, même les meilleurs se retournent contre eux, manquent le but. D'autres, au contraire, nés sous une heureuse étoile, se tirent à leur avantage des plus mauvais pas. Ils ont beau entasser faute sur faute, on leur pardonne tout. Ne faut-il pas plaindre les peuples dont le sort se trouve, aux heures critiques de leur histoire, entre les mains de pauvres êtres voués à la guigne et revêtus du fatal privilège d'une autorité sans bornes. Voyez Guillaume II ! En dépit de ces airs de matamore, il a régné l'imagination épouvantée par la fatale prédiction relative aux Hohenzollern. A certaines heures, il y croyait au point de se jurer, assure-t-on que, pour la faire mentir, il ne ferait la guerre en aucun cas. Mais il aimait trop à se draper dans le manteau du grand maître des Teutoniques, à marcher dans un rêve mystique le glaive flamboyant au poing.

Pour Nicolas II, aucune mesure, peut-être, de son règne fécond en tentatives malheureuses n'a été aussi inopportune que le décret tant vanté d'août 1914 sur la prohibition absolue de l'alcool. Rien de plus méritoire que l'intention de l'autocrate. Mais pouvait-il plus mal choisir son moment ! Ajoutez à cela que le caractère excessif, radical des prohibitions qui pourchassaient même les boissons inoffensives ou en certains cas reconstituantes comme les vins les plus honnêtes leur donnait une forme inhumaine de persécution.

Ce serait trop commode, en vérité, si la suppression de l'alcoolisme, ce honteux fléau tenait à un simple article de loi. N'y a-t-il pas là, au contraire, une œuvre formidable et de longue haleine de refonte sociale, de rééducation. d'hygiène qui suppose une réforme, sur une très large

échelle, des conditions de la vie moderne ?
Et voilà que d'un trait de plume, au moment d'envoyer ce peuple alcoolique entre
tous à la tuerie au milieu de circonstances effroyables d'imprévoyance et de chaos
dont on chercherait en vain l'équivalent
chez aucun des belligérants, on lui enlève la trompeuse, la perfide mais si fasci-
nante magicienne qui lui ouvrait jusque-là
les portes dorées de l'oubli et du rêve.
Quelle imprudence !

Je me rappelle à ce sujet une discussion
qui eut lieu l'été d'avant la guerre, à la
datcha (maison de campagne), d'une de mes
amies, proche de Pétersbourg. Famille de
légistes, très hauts fonctionnaires, dévoués
serviteurs du régime, mais conscients de la
nécessité de réformes radicales, fondamen-
tales. Cette plaie de la vie russe, l'ivrognerie, aussi funeste et encore plus répandue
que la vénalité souleva une controverse ani-
mée. La pluralité des suffrages se pronon-
çait en faveur d'une rigoureuse législation
prohibitive. Femme d'esprit et trop grande
dame pour n'avoir pas son franc-parler,
mon amie s'écria tout à coup : « Admet-
tons votre proposition pour les ivrognes
gens du monde, ou simples intellectuels,
employés, petits bourgeois. Et encore ! Mais
le moujik, l'ouvrier ? Si vous lui en-
levez l'alcool, que lui donnerez-vous à la
place ? Je veux bien, moi, qu'on l'empêche
de boire. Mais dites-moi, avec quoi vous
comblerez le vide de sa vie ?

— Le vide de sa vie ?

— Eh bien ! oui ! Nous avons l'hygiène,
la toilette, les relations, le confort, les livres, la musique, le théâtre, l'art, les voyages. Et avec tout cela, il nous manque encore fort souvent bien des choses où nous
mettons... Dispensez-moi de l'énumération.
Le moujik, lui, n'a que l'ivrognerie et des
enfants sans les compter. Vous voulez lui
enlever les seules jouissances de sa misérable existence. Car, en fait de prohibitions, je

vous vois venir. Vous lui demanderez bientôt de faire encore un pas de plus dans le système des restrictions. Et je vous connais. Vous êtes trop égoïstes pour oser les gestes qui pourraient peut-être, à la longue, lui offrir une compensation. Vous auriez trop peur de déranger vos habitudes. Ce n'est pas logique. »

Par son décret, et pour avoir mal choisi son heure, l'empereur Nicolas prouva une fois de plus qu'il manquait de logique.

Je n'ignore pas les fables en cours dans la presse française sur les heureux résultats au physique et au moral, dont la sobriété instantanée, obligatoire et scrupuleusement observée, faisait bénéficier le peuple russe. La vérité est autre !

Le prouver par l'exposé d'une longue série de faits m'entraînerait trop loin du cadre que je me suis tracé. Il importe, cependant, de signaler l'état d'excitation fébrile, proche parfois de la fureur, développé d'un bout à l'autre de l'empire, en particulier au front, par le besoin maladif de boissons alcooliques. Que de ruses, de subterfuges pour s'en procurer (on en fabriquait partout, avec n'importe quoi). La fraternisation avec les soldats allemands a commencé au moyen des bidons d'alcool que ceux-ci cédaient aux Russes. Bien avant Lénine ! Pour satisfaire leur vice, les malheureux maniaques recouraient aux pires expédients, absorbaient jusqu'aux plus dangereux poisons. Pas de localité où l'on n'ait eu à signaler chaque jour, de ce fait, des cas de mort.

Aux yeux du moujik, Raspoutine, le moujik libidineux tout-puissant dans l'intimité du couple impérial, n'était qu'un péché véniel ! Mais cette souffrance de tous les jours, le manque d'alcool, ajoutée aux autres souffrances des années de guerre, créait un état d'exaspération singulièrement favorable à la propagande anti-gouvernementale.

Au surplus, les actes regrettables du tsarisme agonisant n'émanaient pas tous d'aussi louables intentions. Il reste peu de chose à dire sur le caractère germanophile du choix du ministre Sturmer. Mais un peu auparavant, une nomination sur laquelle on a fait le silence en France, a causé en Russie une irritation non moins grande et aussi justifiée. Je veux parler de l'envoi du baron Budberg à Sofia quand l'heure décisive allait sonner pour la Bulgarie. Selon l'opinion généralement accréditée, le tsar Ferdinand, dont la mauvaise foi n'était pas mise en doute, n'aurait pas osé affronter la colère de son peuple s'il avait eu lieu de supposer que les Bulgares risquaient de trouver en face d'eux les Russes au nombre de leurs adversaires. Or, parmi les papiers officiels, qu'en ma qualité de directrice de lycée, j'ai reçus à ce moment-là, j'ai mis de côté une circulaire émanant du ministre de l'Instruction publique du tsar Nicolas II et dont voici la traduction : « *Bien que nos alliés aient déclaré la guerre à la Bulgarie, l'Etat russe est et demeurera en paix avec cette puissance. Les directeurs et directrices d'établissements scolaires doivent donc bien se garder d'assimiler les élèves de nationalité bulgare aux élèves ressortissant à des nations ennemies. Les citoyens bulgares continuent et continueront à jouir en Russie de tous les droits assurés aux citoyens des pays avec lesquels la Russie n'est pas en guerre.* »

On sait que les Serbes reprochent à l'envoyé extraordinaire de l'empereur de Russie, le baron Budberg de les avoir empêchés d'attaquer les Bulgares au moment propice. M. Paléologue, il est vrai, se porte garant de la loyauté de l'Empereur Nicolas envers la France. Toutefois avec une subtilité digne du plus subtil des Grecs, notre ancien ambassadeur a grand soin de noter les remarques cueillies au cours de ses causeries dans les cercles pourtant si bien pensants qu'il fréquente sur la lâcheté morale, la sournoiserie du tsar qui redouble d'amabilités, de cajoleries envers ceux qu'il a sacrifiés aux haines de son entourage.

Au lecteur de tirer des conclusions.

Quoi qu'il en soit, à l'heure où, à la tribune du Palais-Bourbon, M. Viviani emportait l'approbation de la Chambre à l'expédition de Salonique en assurant qu'il était certain du concours de la Russie, le communiqué suivant paraissait par ordre, dans tous les journaux russes : « *Le Gouvernement impérial annonce à la nation que, pour des raisons d'ordre politique et diplomatique, les armées russes ne prendront pas part à la guerre entre la Bulgarie et la Serbie avant que l'Italie ait jugé à propos de se joindre aux Franco-Anglais.* »

Immédiatement à la suite de ce communiqué, le *Rietsch*, que l'on avait le grand tort à l'ambassade de France de considérer comme ententiste, le commentait en ces termes sous la rubrique : « *Nouvelles de l'étranger*, l'Italie est trop occupée contre l'Autriche pour pouvoir, sans danger, retirer des troupes du front autrichien pour les envoyer au secours des Serbes. Des motifs financiers s'ajoutant à ces considérations d'ordre politique empêcheront l'Italie de se joindre aux Franco-Anglais. »

Cette attitude ambiguë du Gouvernement tsariste dans le conflit balkanique ne pouvait causer aucune surprise à ceux qui ont suivi avec anxiété comme je l'ai fait dans la dernière période de l'avant-guerre les attaques de la presse pétersbourgeoise de langue allemande contre la Serbie et la campagne en faveur du gouvernement de Sofia. Avait-on oublié en août 1914, à l'ambassade de France, les mesures rigoureuses prises contre les professeurs bulgares slavianophiles qui étaient venus en 1912 réclamer un appui contre les intrigues du tsar Ferdinand ?

Autre chose encore prouve que si la mésintelligence était absolue entre la nation russe et les représentants de la France officielle, l'accord était plus apparent que réel entre l'ambassadeur de M. Poincaré et le cabinet du tsar.

Il est intéressant à cet égard de relire dans les Mémoires de M. Paléologue le récit de ses démarches réitérées auprès de M. Sasonoff pour amener celui-ci à l'idée d'utiliser la papauté à la négociation d'une paix séparée avec l'Autriche afin de permettre à la Russie de porter tous ses efforts contre l'Allemagne. En vérité, M. Sasonoff pousse l'inquiétante ironie russe un peu loin en montrant à M. Paléologue des lettres d'étudiants réclamant Constantinople pour continuer à se battre. Mieux renseigné sur les courants de l'opinion, notre ambassadeur aurait découvert les côtés factices de cette campagne en faveur de Constantinople, simple chantage de la part des Gouvernements tsariste et provisoire en vue de lasser la patience des « *franco-anglais* » et de permettre à la Russie de se retirer du conflit. Quelle preuve apportez-vous, dira-t-on ? Mais : 1° l'unanimité de l'opinion publique à se ranger derrière les Bolcheviks sur cette fameuse plate-forme : *la paix sans annexion* ; 2° en temps de guerre, l'entrain des troupes à refuser de se battre pour conserver les territoires occupés par des populations non russes ; 3° depuis la prise du pouvoir par les Bolcheviks, les conflits surgis entre communistes russes d'une part, communistes lettons et esthoniens de l'autre, lettons surtout. Pour se maintenir en Esthonie et en Lettonie contre la volonté du pays, ces derniers réclamaient le concours militaire des Russes. Les commissaires du peuple moscovites ne demandaient pas mieux de les aider à bolchéviser de gré ou de force les républiques de la périphérie.

Mais il fallut s'incliner devant le refus

des soldats russes de se battre pour une cause non russe. La presse rouge de 1919 et 1920 est édifiante à cet égard. C'est également le courant ambiant qui pousse les commissaires du peuple, si habiles à se mettre au diapason de l'opinion, à leur politique turcophile d'Angora.

En ce qui concerne le parti-pris auquel se heurtait M. Paléologue en préconisant le recours à l'intervention du Vatican, je ne crois pas inutile de signaler la campagne frénétique contre le Saint-Siège menée par la presse russe officieuse depuis les débuts de 1915. En fait de citations, l'abondance des matières rend le choix difficile. Je me bornerai donc à transcrire intégralement un article publié le 8 avril 1915 par un journal pétersbourgeois, la *Gazette de la Bourse*, sous ce titre : Un agent austro-allemand :

« J'ai eu l'occasion de m'entretenir avec
« une haute personnalité catholique d'un
« pays neutre, au sujet du nouveau pape
« Benoît XV et de la guerre. « Pourquoi,
« m'a-t-on dit, trouvez-vous l'attitude du
« pape énigmatique ? Elle est bien claire,
« au contraire. Si, au début, on a pu croire
« le pape actuel un élève et partisan du
« francophile Rampolla, qui avait rompu
« toute attache avec les Habsbourg et le
« Hohenzollern, ces naïves illusions se sont
« évanouies. Toutes les déclarations d'im-
« partiale neutralité ne sont qu'un masque
« pour cacher les véritables tendances du
« Vatican. Le trait distinctif en est une vé-
« ritable alliance de la papauté avec l'Alle-
« lemagne. La fille aînée du papisme, la
« France, est depuis longtemps en disgrâce.
« Par suite de l'extension du socialisme, la
« Belgique, qui comptait parmi les favorites
« des papes, est maintenant en suspicion.
« L'alliance de la Belgique avec la France
« et l'Angleterre et très certainement aussi
« la ruine matérielle de ce pays ont refroidi
« la papauté à son égard. La Bohême aussi

« est tombée en disgrâce par suite de son
« peu de dévouement aux Habsbourg. La
« seule favorite **du Vatican est** actuelle-
« ment l'Espagne, **qui** témoigne à l'Alle-
« magne une si amicale neutralité et la
« fournit de cuivre avec zèle. Puis récem-
« ment, la Bavière et la Hongrie.

« En Espagne, l'influence du Vatican sur
« les affaires d'Etat par l'intermédiaire de
« l'aristocratie n'a jamais été si forte qu'à
« présent. Non pas même à l'époque où elle
« a fait fusiller Ferrer. Vous pouvez voir
« en Espagne l'aristocratie, la reine à la
« tête, faire d'importantes collectes en fa-
« veur des Austro-Allemands ; Benoît XV
« ne laisse échapper aucune occasion de té-
« moigner ses sympathies à la Hongrie qui
« a tant de responsabilité dans cette
« guerre.

« En Italie, la presse cléricale mène une
« agitation passionnée en faveur de la neu-
« tralité dans l'intérêt de l'Allemagne et de
« l'Autriche-Hongrie. La position du Vati-
« can est absolument nette. Celui-là seul
« peut parler d'impartiale neutralité qui né-
« glige d'observer les événements journa-
« liers. Par exemple, la protection de l'ini-
« tiative prise par Bulow des pourparlers
« secrets avec les Irlandais. La visite à
« Rome du chef du parti catholique alle-
« mand Erzberger et ses rapports avec les
« personnages les plus influents du Vati-
« can. En tout, le Vatican, sous Benoît XV,
« joue ouvertement le rôle d'un allié de
« l'Allemagne et de l'Autriche-Hongrie et
« d'un ennemi du bloc anti-allemand. Il y
« a plus ; le Vatican joue en Italie le rôle
« d'un agent politique austro-allemand. Et il
« faut tenir compte de cela ».

Joignez à ces documents, les entrefilets
ironiques ou injurieux sur les opérations
militaires du front français qui émaillaient
fréquemment la presse de Nicolas II. Les
articles économiques d'allure savante desti-
nés à signaler le danger d'évincer du mar-

ché russe les Allemands au profit des *Franco-Anglais* ou à mettre en relief la nécessité de rétablir au plus tôt d'amicales relations avec l'Allemagne.

Mes notes, prises au jour le jour sont loin d'être épuisées. Il est temps, cependant, de mettre un terme à cette série déjà longue de citations. J'espère en avoir assez dit pour prouver l'inanité de cette formule simpliste : la trahison de la Russie des Commissaires du Peuple et le parfait loyalisme de la Russie monarchique. Vouloir justifier par cette fable le refus de reconnaître le gouvernement moscovite de *fait*, l'odieuse politique du blocus, celle, ruineuse et criminelle de l'intervention armée en faveur des monarchistes russes dont le quartier général est en Allemagne, où ils travaillent en parfait accord avec les pangermanistes monarchistes et revanchards, c'est se moquer une fois de plus du peuple français.

Illusions, erreurs ou complicités, peu importe le mobile. Ceux qui, au nom de la France font état de semblables prétextes se prêtent à habiller de motifs propres à satisfaire nos passions nationales la complexité d'intérêts divers que le grand jour effaroucherait.

Au milieu d'une Europe enfiévrée de violences, de rancunes, de convoitises, la France isolée se voit accuser d'impérialisme par les Gouvernements de proie dont l'habileté a su exploiter nos maladresses et diriger contre nous la pointe de toutes les haines.

Bon gré, mal gré, les intérêts particuliers, les tripotages financiers dont la prépondérance nous a coûté si cher doivent s'effacer devant l'intérêt général. L'intérêt français exige un rapprochement avec la nation russe. Ce rapprochement doit se faire sur la base que lui avait assignée Alexandre III, une entente en vue du maintien de la paix.

Si nous reprochons à notre alliée d'hier de nous avoir fait boire jusqu'à la lie l'amer calice des plus cruelles déceptions, de tous

les coins de la terre russe une immense
clameur nous répond qu'après avoir méconnu, bafoué la nation pour complaire aux
aristocrates d'origine étrangère avides de
rétablir le régime aboli, nous n'avons eu
aucune pitié de ses souffrances, de ses mécomptes, de ses erreurs en nous obstinant
à faire payer en bloc à la Révolution russe
la rancœur d'un arriéré de désillusions,
total énorme dont une bien faible part lui
était imputable.

CHAPITRE VI

QUE FAIRE DE LA RUSSIE MOUJIK ?

Effondrement du tsarisme. — Le Gouvernement provisoire en tutelle. — Les étapes du soviétisme et le principe monarchique.

> *« On doit s'habituer à cette pensée que les races ont comme les espèces animales, leurs caractères spéciaux et que ce n'est pas leur faute. L'éducation exerce une certaine influence, elle transforme certaines choses, en implante d'autres, de neuves, mais ce serait une absurdité de demander un bon beefsteak à un cheval et le trot à un bœuf ».* Hertzen.

VI

Comme c'est curieux ! Dans la première partie de ces souvenirs, notre ancien ambassadeur en Russie s'appliquait à prouver la parfaite loyauté du tsar et de la tsarine, leur absolu dévouement à la cause des Alliés. Les sympathies du clan ultra-réactionnaire pour les Empires Centraux sont à peine indiquées. A l'en croire, elles se seraient envolées au premier coup de canon de la grande guerre comme se dissipent, au moindre rayon de soleil, ces jolis nuages gris perle dont M. Paléologue apprécie si finement la caresse sur le ciel opalin de Pétersbourg. Le seul trouble-fête, c'est ce pauvre Witte, coupable d'avoir rêvé d'empêcher la guerre grâce à une alliance franco-russo-allemande et prévu que le coup, selon lui hasardeux d'échec au *Kaiser* rendrait la catastrophe inévitable. Mais il est mort en 1914. M. Paléologue, dont les haines sont vigoureuses, a pu écrire sur un ton de triomphe à notre Gouvernement en lui annonçant cette mort : « *Un grand foyer d'intrigues s'éteint avec lui.* »

Cependant, voilà qu'avec son numéro de février 1922, la pudique *Revue des Deux-Mondes* nous offre un tableau bien sombre de la cour des Romanow. Je ne comprends pas par quel enchaînement de faits M. Paléologue, à partir du mois de juillet 1916, aperçoit tout-à-coup le jeu de l'impératrice énergique et agissante à la tête des germanophiles. Pourquoi ne l'avoir pas aussi bien découvert en juillet 1914 ? À mon avis, la signification des événements n'était pas moins éloquente et cette révélation nous eût été beaucoup plus profitable à cette date. Pour notre ambassadeur, tous les voiles tombent enfin avec l'assassinat de Raspoutine. Il s'aperçoit même, du moins l'affirme-t-il, des travaux avancés du parti de l'Impératrice. Très gentil le programme de ce parti que nous voyons soudain surgir on ne sait d'où tant on nous l'avait bien dissimulé jusqu'ici : Suppression de Nicolas II. La tsarine régente et autocrate prête, non seulement à conclure la paix, mais à signer une alliance avec Vienne et Berlin. Ma surprise est extrême de voir une revue aussi bien pensante que la *Revue des Deux-Mondes* publier des assertions aussi peu orthodoxes. Il était donc question de paix séparée avant l'arrivée de Lénine ? Et ce pauvre Witte, mort depuis 1914, s'était-il déjà réincarné pour imposer sa politique à cette si loyale impératrice ? J'ai eu l'occasion de raconter aux lecteurs de *Floréal*, dans quelle atmosphère malsaine de séances d'occultisme vivait la Russie en guerre. Ce Manus, banquier israélite, selon M. Paléologue, grand machi-

niste du complot, tirant les ficelles de ces
marionnettes de cour, me fait songer à ces
personnages singuliers, premiers rôles des
évocations spirites offertes au front par les
chefs de corps à leurs officiers et aux ba-
ronnes baltes prosélytes *de la paix séparée.*

Ce besoin de trouver quatre ou cinq personnages à charger des péchés d'Israël me
rappelle l'obsédante préoccupation des officiers français en mission à **Riga** en **1917.**
« Vous qui connaissez tout le monde ici,
ne cessaient-ils de me répéter, vous devez
bien savoir les noms des agents allemands. » Nous sommes entourés d'un inex-
tricable filet d'intrigues où se manifeste, incessamment, leur influence. Nous en mesu-
rons les résultats, palpables, probants, et
nous ne voyons cependant autour de nous
que des gens charmants, admirateurs de
la France. Où se cachent donc les agents
allemands ? »

— Ne cherchez pas. C'est l'hydre aux
cinq ou six millions de têtes. Et plus la
guerre se prolonge, plus elle gagne en nombre et en vigueur. Je vais généraliser un
peu fort et forcer la note — mais pas beaucoup — selon moi, tout ce qui, en Russie,
parle le français avec la facilité d'une langue courante est plus ou moins consciem-
ment, partisan de la paix immédiate, du
rapprochement avec Berlin. Après tout,
pour l'élite mondaine, les privilégiés du régime, il n'y a plus à présent d'autre plan-
che de salut. Encore est-elle pourrie ! »

Il ne faut pas oublier, en effet, que par la
force des choses, la Russie de 1914 n'était
qu'une vaste colonie allemande administrée
et régie — beaucoup moins mal qu'on ne l'a
dit d'ailleurs — par les ordres de fonctionnaires d'origine allemande au profit des intérêts allemands.

Ainsi, de l'aveu même de M. Paléogogue
et en dépit du mensonge des formules dé-
clamatoires qui ont eu cours jusqu'ici, les

agissements du tsarisme, en politique intérieure et extérieure, ont frayé la voie au
traité de Brest-Litowsk. Sans combler l'abîme creusé entre la nation russe et nous,
ce partage plus équitable des responsabilités jette une passerelle propice aux prochaines rencontres. « Comme la politique
ne hait personne, écrivait sagement Joseph de Maistre, elle n'aime de même personne ; il ne faut point être la dupe de l'amitié du moment. »

Le 31 décembre 1916, le rideau tombait
sur une situation très nette. Sauf les Cadets, chacun en Russie, la cour comme le
peuple, voyait dans la Révolution — révolution de palais ou de trottoir — le moyen
de conclure avec l'Allemagne une paix de
réconciliation. Mais on tâtonnait encore.
Chaque parti désirant garder la maîtrise
des événements hésitait à s'engager à fond.
C'est alors qu'intervinrent certains diplomates, dit-on. En précipitant la catastrophe,
ils espéraient, à la faveur d'un gouvernement fantôme, substituer leur politique à
celle des anciennes autorités constituées. A
leur sens, ils jouaient à coup sûr, ayant eu
le soin de se ménager de longue date, le
concours des *allogènes* des pays de la périphérie, encouragés à transformer en revendications nettement séparatistes leurs aspirations à l'autonomie.

M. Paléologue fut rappelé. A cette époque,
une personne à même d'être bien renseignée m'affirma que l'ambassadeur avait fait
preuve d'un extrême pessimisme et conseillé
d'abandonner la Russie à son sort, voire
même d'envisager la possibilité de liquider
la guerre à ses dépens. A Paris, au contraire, prévalait la tendance à auréoler le
nouvel idéal révolutionnaire des souvenirs
héroïques de notre épopée guerrière. Comme
si les Russes, qui nous ont toujours reproché de trop aimer à jouer du tambour,
n'avaient pas un tempérament national différent du nôtre du tout au tout. Ce sont des

natures pacifiques, débordantes de charité. Chez eux, la violence momentanée s'allie à un besoin infini de rêve, de quiétude dans la mollesse du recueillement mystique. Sans tenir compte de la clairvoyance avisée, bien que tardive de M. Paléologue, le citoyen Albert Thomas, munitionnaire fameux, fut chargé de devenir le Danton de la Révolution russe. Il faut lui rendre justice, il ne bouda pas à la besogne. Sans cesse sur la brèche, il se démenait et suait, nous conte M. Anet, « au point d'être obligé de « changer de linge et de gilet plusieurs fois « par jour ». Bien vite il mesura le peu d'autorité dont jouissaient les ministres cadets et M. Kerensky lui-même. Avec un tact admirable, il entreprit de leur rendre du prestige en prouvant publiquement à la nation entière que ces malheureux comparses, tenus en laisse par les ambassadeurs de l'Entente, manœuvraient à leur gré. Entre deux harangues, dont la foule écoutait la traduction avec une ironie dédaigneuse, le ministre français fit accrocher son wagon à celui où étaient bouclés les ministres russes pour la promenade au front. On les y traînait pour les sortir, au moment voulu, dûment stylés à catéchiser des soldats qui ne reconnaissaient plus d'autres ordres que ceux de leurs Soviets. Le citoyen Albert Thomas se montrait d'ailleurs enchanté des résultats de cette tumultueuse campagne diplomatique. Témoin l'accueil qu'il fit aux déclarations pessimistes des généraux Janin et Berthelot. D'un beau mouvement oratoire, balayant toutes leurs objections : « Vous autres, généraux de carrière », s'écriait-il, « vous ne savez pas ce que c'est qu'une armée électrisée par le souffle révolutionnaire ». Toutefois, le citoyen Albert Thomas n'acceptait la révolution qu'habillée au décroche-moi-ça du professeur d'histoire. Cependant, au front, le défaitisme était loin d'être en faveur. Les Soviets, qu'il ne faut pas en tout identifiés avec le bolchevisme ou le régime communiste, cherchaient péniblement leur voie à tâtons, dans un noble et touchant effort de compréhension consciencieuse, un besoin de vérité et de justice que nous avons eu grand tort de méconnaître.

En 1917, le lundi de Pâques, je fus invitée à dîner par une jeune amie russe, fille d'un haut fonctionnaire et mariée à un colonel d'état-major. Je rencontrai chez elle une compagnie assez nombreuse de jeunes officiers très titrés. Quelques-uns d'entre eux portaient les plus beaux noms de la Russie historique. En dépit de la gaité factice, de diapason trop monté, que commandaient le lieu et la circonstance, ils se montraient abattus, découragés. Deux questions débattues avec véhémence parmi le cliquetis des flirts et l'effervescence des toasts retinrent mon attention :

1° Comment expliquer le succès des propagandistes juifs auprès des ouvriers et paysans russes si farouchement antisémites : 2° Ne serait-il pas possible aux officiers russes de s'approcher des soldats, de gagner leur confiance, de prendre une influence sur les conseils ?

Un jeune capitaine portant les insignes de l'état-major, le comte K.. fort intelligent, observateur perspicace comme le sont souvent ses compatriotes sous leurs airs détachés, indifférents, répondit sur un ton dédaigneux où perçait l'amertume d'un fatalisme tragique : « Sans aucun doute, il nous serait aisé de gagner le cœur des soldats si nous prenions sur nous de nous approcher d'eux. Vous savez combien notre moujik est bon, intelligent, réfléchi, comme sa défiance, trop justifiée à notre égard, se fond vite dès que nous causons avec lui d'homme à homme, en camarades. » Je me risquai à demander : « Eh bien, pourquoi ne le faites-vous pas ? Vous, les jeunes, vous est-il impossible de vous approcher de ces paysans que sur leurs terres, les seigneurs russes sont fort portés, je l'ai constaté cent fois, à traiter avec une amicale, une fraternelle familiarité ? Oui, sur nos terres, quand ils sont en civil et nous aussi. Il n'en va pas de même à l'armée. Depuis que nous portons les uns et les autres l'uniforme, comment les avons-nous traités ? Avec une odieuse barbarie, plus mal que des chiens. Quand nous nous rappelons ce que nous leur avons fait supporter, tout ce que, depuis si longtemps, nous avons accumulé entre eux et nous, comment pourrions-nous prendre sur nous d'aller leur tendre la main, maintenant ?

— Parce que la Révolution, en renversant les anciennes assises sociales, ouvre la lice à tous les mouvements généreux.

— Je vous comprends bien. Parmi nous, les jeunes, beaucoup y ont songé. Notre instinct nous y poussait. Sans doute, si la loi sur les conseils — acceptable en principe et sous certaines réserves — avait été conçue dans un autre esprit, rien n'aurait pu nous retenir. A présent, ce n'est plus possible. Par la volonté du Gouvernement provisoire, non seulement les soldats sont nos maîtres, nous ne sommes plus rien, mais encore on les a dressés en ennemis contre nous, coupant la voie à une amicale collaboration qui aurait pu se faire jour au sein du Soviet en nous en octroyant l'entrée. A présent, les ponts sont rompus. Si nous allions aux soldats, nous aurions l'air de céder à la peur, d'agir par lâcheté. Il vaut mieux qu'ils nous tuent. Les matelots ont déjà commencé. Les soldats ne tarderont guère à suivre leur exemple. *Nitchevo !* Au surplus, les vieux, les grands chefs, ne veulent pas en entendre parler de conciliation. Rien ne peut ébranler leur certitude de rétablir l'ancien ordre de choses. Quant à la mainmise des Juifs sur les Conseils de soldats, elle s'explique d'abord par notre abstention qui leur laisse le champ libre et aussi, grâce au système spécial réglementant la création et le fonctionnement des Soviets. Les officiers en sont rigoureusement exclus, n'ont aucun droit de s'en mêler, même à titre amical. Tout se passe entre soldats. Les Juifs sont tous simples soldats. Ils sont, en général, beaux parleurs, habiles dans l'argumentation. Leur instruction leur procure depuis longtemps sur la masse illettrée des troupes une réelle influence. Au moins 90 % des soldats juifs ont fait des études secondaires, plus de 50 % possèdent des diplômes d'université. Le droit de réunion, de discussion leur fait la part belle. Sans nous mêler aux troupes, il nous arrive parfois d'observer ce qui s'y passe au moment de l'organisation d'un meeting. On entend les groupes de moujiks maugréer : « Encore ce Juif ? Pourquoi les Russes ne prennent-ils pas la parole ? » Mais la curiosité, le désir de s'instruire les pousse en avant. Ils s'approchent, écoutent, hochant la tête d'un air approbateur et échangent entre eux des réflexions comme celles-ci : « *Qu'importe qu'il soit Juif. Ce qu'il dit est juste. Tout ce qu'il a dit est même conforme aux préceptes du Christ.* » Personne n'est plus sensible que notre moujik aux beaux discours !

— Pour moi, en ma qualité d'étrangère, je ne partage pas vos préjugés. Je me sens disposée à répéter avec vos moujiks : « *Qu'importe qu'ils soient Juifs ?* » J'ai d'excellents amis parmi cette race. Marie Nicolaïewna ne l'ignore pas. Je crois à la sincérité du patriotisme de la plupart des Juifs russes. Autre chose encore me porte à penser que, dans la crise actuelle, vous ne sauriez, sans courir les plus grands risques, vous aliéner un élément disposant de trois grandes forces : le savoir, l'argent, l'énergie.

— Dites l'ambition, le besoin de jouer un rôle, l'esprit d'intrigue.

— Mettons une énergie ambitieuse, remuante, habile à saisir l'occasion aux cheyeux. Raison de plus ! Faites place à vos Juifs dans la patrie russe. Vous vous en trouverez bien. D'abord, pour une infinité de raisons, ils se montrent passionnément hostiles au fractionnement des territoires de l'Empire. Or, vous n'ignorez pas avec quelle rapidité, depuis le coup d'Etat de février, la plate-forme « autonomie » fait place au programme séparatiste. Les Allemands, vous le savez mieux que moi, ne sont pas seuls à encourager les forces en train de s'organiser pour amener la brisure.

— Vous pourriez même ajouter que ce n'est pas le Gouvernement de Berlin qui subventionne les *noyaux* où s'élabore la plate-forme séparatiste. Nous savons parfaitement d'où vient l'argent.

— Appuyez-vous sur les Juifs. Non moins hostiles que vous au séparatisme, vous les trouverez disposés à apporter du renfort aux projets d'autonomie régionale.

En second lieu, dans tous les pays où ils jouissent de l'égalité des droits, les Juifs se montrent plutôt portés — et, pour ma part, je suis disposée à leur en faire un grief — à se ranger du côté de la réaction, ou, du moins, à devenir un élément de conservation sociale.

— C'est exact.

— Je connais même des milieux russes, ultra-conservateurs où, à ce titre, dès 1905, on réclamait l'égalité des droits pour les Juifs, dans l'intention de les détacher du parti de la Révolution. C'était l'opinion de l'un de vos plus éminents juristes, M. Maximowitch (1), l'ancien président de la Cour de cassation et de son entourage. Hier, j'ai reçu la visite d'un jeune ménage israélite qui m'a annoncé avec beaucoup de satisfaction la création d'une école spéciale d'officiers juifs. Ne faut-il pas voir dans cette

_____

(1) Le frère du général de cosaques aide de camp de l'Empereur.

innovation les prémices d'une transforma-
tion éventuelle des tendances actuelles des
conseils de soldats ? La jeune femme qui
m'a apporté cette nouvelle est une de mes
anciennes élèves. Elle a des cousins en
France, anciens élèves de Saint-Cyr et officiers dans notre armée. Nous ne nous en
portons pas plus mal. Elle et son mari représentent une catégorie fort nombreuse
d'israélites riches et cultivés, satisfaits des
résultats acquis et soucieux de limiter au
minimum les dégâts causés par l'écroule-
ment de l'ancien régime.

— Je suis de votre avis. Le problème juif
est encore une de ces douloureuses échéan-
ces où nous avons à solder la rançon d'un
arriéré de fautes et d'erreurs. Quant à l'école
d'officiers juifs, notre corps d'officiers n'en
veut pas. Tout, plutôt que cela.

— Même dans l'intérêt du pays ?

— L'intérêt du pays, pour la plupart de
nos grands chefs, c'est de s'entendre avec
le *Kaiser*. N'oubliez pas que, de Mitau, il
n'est pas loin pour nous faire ses offres de
services !

Contradictions, incohérences, fatalisme,
âpreté des caractères, obstination des partis
pris ! Voilà l'âme russe. Sur ce fond, les fol-
les arabesques d'une sensibilité émotive à
fleur de peau vibrant au moindre coup d'ar-
chet ! Combien de fois ai-je mesuré l'inanité
du raisonnement pour amener un Russe à
changer d'avis ? Lui prouver qu'il a tort,
c'est l'affermir dans son entêtement jusqu'à
la folie. Faites appel à son cœur, à son humeur mobile, touchez la corde de sa nervo-
sité frémissante, vous l'avez dans la main
pour le mener où vous voulez. Pourquoi
cette multitude de Français *en missions* qui
rôdent ici, de tous côtés, depuis si longtemps, désœuvrés, inutiles, se montrent-ils
incapables d'assumer entre la troupe et les
chefs un rôle de conciliation ? Tant d'occasions s'offriraient à eux de l'exercer sans
s'attribuer les airs de pédagogues, de tu-

teurs, de censeurs, insupportables à l'amour-propre slave ?

Ne sont-ils pas eux-mêmes sans distinction d'opinions et de partis les fils de la révolution politique la plus formidable des temps modernes ? Mais pour la plupart, ils manquent de personnalité, au point d'épouser, en les exagérant, les plus absurdes préjugés des *aristocrates* russes qu'ils fréquentent. Ou bien, comme ce lieutenant Pasqua, de la suite du général Janin, ils ont absorbé le poison du mysticisme moscovite et en viennent à attendre le salut de la seule intervention miraculeuse de Saint-Nicolas, patron de la Russie. Chez les meilleurs, les mieux intentionnés, les plus doués, les velléités s'éteignent fugitives, infécondes, fauchées en bouton par la peur du jugement des chefs. Au surplus, à creuser un peu les possibilités de la situation, le vertige me prend. Un antagonisme irréductible ne sépare-t-il pas les profiteurs du tsarisme de la Russie révolutionnaire ? Un Cadet me disait hier : « Le sort de la Révolution tient à un fil aussi longtemps que la question des terres n'est pas réglée et je crains bien qu'il soit bien impossible de la résoudre sans laisser les paysans se les partager eux-mêmes, à leur guise. »

Voilà la pierre d'achoppement : le paysan veut la terre et il l'aura. De l'autre côté de la barricade, sous la bonhomie bienveillante du plus débonnaire, du plus libéral des *barines*, veille la volonté inflexible de garder en main les domaines, quitte à en laisser la majeure partie inexploitée... Garder la terre, empêcher la construction des ponts, des routes, le dessèchement des marécages, n'a-t-elle pas toujours été la principale préoccupation des grands propriétaires fonciers ? « Incapables d'exploiter nos biens par nous-mêmes, avouaient-ils, ces améliorations nous procureraient peu d'avantages. Mais, dans vingt ans la richesse serait aux mains des fils des pay-

sans d'alentour. Ils monteraient sur la tête
de nos enfants. Non, non ! Les choses sont
bien comme elles sont. Gardons-nous d'y
toucher. »

· Cependant les villages se vident. Chaque année de nouvelles isbas se ferment,
les familles se dispersent, happées par le
prolétariat miséreux, aigri des grandes villes. Le souci de sérieuses difficultés finan-
cières alourdit l'existence de la plupart des
propriétaires nobles. »

— Qu'importe ! A vivre sur le *bien* on
s'en tire toujours. Quant aux frais de la
résidence en ville, des voyages, des plai-
sirs, le Juif n'est-il pas là pour y pour-
voir ? »

Le fonctionnaire, en effet, vivait du Juif.
En 1906, un aveu désolé échappé à la tris-
tesse angoissée de M. Maximovitch m'ap-
prit le vrai motif du refus d'accorder aux
Juifs l'égalité des droits : la crainte de
bouleverser le budget par l'élévation prodigieuse du traitement de tous les fonctionnaires, le jour où la suppression des lois
d'exception libérerait les Juifs de l'obliga-
tion de les acheter à toute heure du jour et,
en détail, pour les multiples nécessités de
leur existence ou de leurs affaires. Décidé-
ment, le nivellement ne sera possible qu'au
prix d'un effondrement total. Il faut que
l'ouragan des cataclysmes sociaux inévita-
bles emporte dans ses remous, disperse
jusqu'aux dernières traces ces anciennes
institutions. Tout cela est fort triste. Mais
si humain ! Depuis l'époque des premières
convulsions politiques, sociales ou religieuses de l'ère historique, quelle classe, quelle
caste à jamais su faire à temps et volon-
tairement les sacrifices nécessaires ?

Cependant, de tous côtés des renseigne-
ments me parviennent, confirmant mes
premières impressions. Sans éprouver une
envie démesurée de se battre, le soldat se
montre disposé à admettre l'éventualité
de continuer la guerre jusqu'à la chute du

Kaiserisme. A la condition, toutefois, d'arriver à une conviction sur l'équité du but à atteindre. C'est la lutte ouverte entre les deux équipes de propagandistes. Au plus actif, au plus convaincu, au plus hardi, la victoire. Y a-t-il vraiment lutte ! Non, en vérité. D'un côté, une ardeur enflammée, une campagne acharnée. Le fonds de christianisme humanitaire, de doctrines évangéliques accumulé dans l'âme du moujik par l'apport d'une longue série de générations de sectaires offre à l'argumentation passionnée des pélerins de l'internationalisme un terrain exceptionnellement favorable. Sur l'autre versant de la brèche, au contraire : abstention dédaigneuse, temporisation, menées équivoques ! Chaque parole imprudente des membres des missions alliées trop portés à exprimer, parmi les milieux réactionnaires qu'ils affectionnent, leur regret de l'ancien ordre de choses, rebondit au front et à l'arrière, amplifiée, dénaturée, apportant aux partisans de la Révolution la conviction que l'Entente souhaite le retour de l'ancien régime. De là à leur montrer dans la volonté exprimée par l'Entente de continuer la guerre un moyen de favoriser ce retour, le pas est vite franchi.

Parmi ce cycle d'inquiétantes manifestations, un ordre du jour du Bulgare commandant en chef la XII° armée, le général Radko-Dmitriew, par l'effet produit sur le moral des troupes russes équivaut, pour la cause des Empires Centraux à une victoire de la Marne. Sous couleur de vanter l'héroïsme des armées françaises, ce général se livre à un violent réquisitoire contre l'organisation des Soviets. Il leur oppose, dans un raccourci effrayant, l'état de sujétion du soldat français, soumis, selon lui, sur notre front à une discipline implacable. Il énumère les hécatombes où sans jugement, par dizaines de milliers des citoyens français seraient tombés dans les tranchées fusillés en masse sur un simple signe des chefs. Le retentissement de ces révélations prend d'énormes proportions. Notre prestige n'y gagne pas. C'est un fameux coup de mine, élargissant la fondrière ouverte entre la Russie nouvelle et nous. Ma défiance, dès longtemps en éveil, augmente à l'égard des généraux tsaristes. Les bavardages désordonnés de Marie-Nicolaïewna y apportent de nouveaux éléments. Évaporée et loquace, elle est toujours admirablement bien renseignée. Sans lui poser la moindre question, depuis les débuts de la guerre, j'ai été au courant, grâce à elle, plusieurs mois à l'avance, de ce qui se tramait en haut lieu. Par le poste qu'il occupe son père est, des premiers, averti des mesures les plus strictement confidentielles, dont l'exécution dépend en grande partie de lui. Elle a terminé ses vacances de Pâques à Pétersbourg et me rapporte de la capitale le conseil de faire mes paquets, d'essayer de gagner la France si je ne veux pas subir la domination allemande, la reddition de Riga étant chose arrêtée pour le courant de l'été — entre juin et août. « Nous avons besoin, poursuit-elle, d'une oasis où la noblesse puisse attendre en paix la fin de la tourmente. Où serait-elle mieux qu'en Livonie sous le pavillon allemand ? Il ne s'agit pas d'une cession de territoire. On leur donne simplement le pays à garder, à isoler de la contagion révolutionnaire, et pour nous permettre de préparer, sous leur égide, le rétablissement de l'ancien régime. »

Son mari l'accompagne. Ce très jeune colonel, aide de camp jusqu'ici du général X..., en Roumanie, vient d'être chargé d'un commandement de première importance, à Volmar, sur la frontière orientale de la Livonie. Il a trouvé moyen de s'accommoder on ne peut mieux des conseils de soldats. « Il faut marcher avec son temps », me déclare-t-il « et tirer parti de ce que l'on ne peut empêcher ». Ce jeune opportuniste sérieux, réfléchi, peu causeur, se nomme à présent, Boris Edwardowitch Moussorow. Il professe la religion orthodoxe avec zèle, assiduité et ostentation. Il y a environ dix-huit mois, une quinzaine de jours avant son mariage, rigide luthérien, il s'appelait encore Hans von Muller. Le mariage ne s'est fait qu'au prix de ce changement de nom et de religion. Ce n'est pas un Balte, mais le petit-fils d'un très modeste boutiquier prussien. Son père, comme beaucoup d'autres naturalisés, a attrapé ce *von* grâce à quinze années de service dans un emploi subalterne de la bureaucratie tsariste. Avant la Révolution, ce fut pour lui un fameux coup de dé d'épouser cette petite aristocrate (1), exigeante et prodigieusement mal élevée. À la faveur des transformations actuelles, il me semble voir percer sous son irréprochable galanterie le regret encore inexprimé de s'être trop hâté. Que d'unions conclues sous les mêmes auspices sont en train de se dénouer autour de moi sous la morsure d'appréhensions identiques !

Les informations fournies par Marie Nicolaïewna confirment d'autres indications, non moins précises émanant d'une source très différente. Le mardi de Pâques, j'étais invitée à un dîner de fiançailles. Maison à demi-française. Le père mort depuis quelques mois, était de Lille. Fort patriote. Le fils aîné a été tué à Bapaume en 1914. Le cadet, Dieu sait pour quelle raison, refusé au conseil de révision du consulat, s'est engagé dans l'armée russe. Il est attaché, en qualité de volontaire, au service des ponts et chaussées. Sa sœur va épouser un de ses camarades du front, un ingénieur polonais. Tous les officiers invités

_____

(1) Il est à remarquer que cette famille de hauts fonctionnaires russes n'avait pas une goutte de sang russe. Le père appartenait en ligne paternelle à l'aristocratie polonaise. Il avait pour mère une Serbe orthodoxe. La mère était une princesse géorgienne.

sont des Polonais du service du génie. Sauf le fiancé, évidemment soucieux d'éviter l'occasion d'émettre une opinion sur la guerre ou la politique, ils ne se donnent pas la peine de déguiser la satisfaction que leur cause le chaos russe. *La force invincible de l'armée allemande* leur inspire une admiration sans bornes. A leurs yeux, le double jeu de l'état-major tsariste ne fait aucun doute. A leur avis, les chefs poussent de toutes leurs forces à la débâcle militaire, au gâchis, dans l'espoir de déconsidérer, d'anéantir la Révolution. Ordre a été donné au service des ponts et chaussées de prendre de hâtives dispositions pour la retraite de la XII⁰ armée et l'évacuation de la Livonie, livrée à l'invasion allemande. Fin juin au plus tard, ces préparatifs doivent être à point. Ces intentions n'ont aucune analogie avec celles dont le haut commandement fait état auprès du général Janin et des membres des missions alliées. Cependant, un mouvement d'organisation, de sauvegarde se dessine parmi les troupes. Il est admis que le corps d'officiers, jusqu'au grade de capitaine, inclusivement, est acquis à la cause de la Révolution. Dans l'intérêt du nouvel ordre de choses, pour assurer sa durée, éviter une catastrophe ardemment désirée par la réaction, beaucoup d'intellectuels s'entendent pour essayer d'opposer une digue aux forces d'anarchie, de dissolution, de désordre.

On me signale, dans les milieux militaires, une propagande disposant de moyens d'action assez étendus. Elle s'agite en faveur d'un plébiscite. La déchéance définitive des Romanow serait proclamée. L'armée prendrait ensuite l'initiative de proposer l'élection d'un tsar national. L'acceptation d'une sorte de charte serait imposée à l'élu : maintien des conquêtes de la révolution, partage des terres, liberté de conscience, séparation de l'Église et de l'État, socialisme étatiste sur la plate-forme du

soviet jouant comme instrument de contrôle
décentralisation, constitution d'un Etat fédéral sur la base de l'autonomie régionale
protectrice des droits des populations
allogènes si opprimées autrefois par le
système centralisateur de la dynastie ger-
manisée des Romanow. Les droits au
trône des descendants de Rurik sont invo-
qués. Le nom le plus fréquemment mis en
avant est celui du prince Lwow. J'ignore
jusqu'à quel point ces projets auraient eu
chance de rallier les suffrages de la nation. Le rythme historique du développement de l'Etat russe leur enlève tout caractère chimérique. Ils apparaissent même
comme l'aboutissement logique de la lutte
sourde et trois fois séculaire des traditions
nationales demeurées intactes dans la conscience du peuple, contre le système germano-byzantin introduit par la dynastie
des Romanow. Il convient de ne pas l'oublier, le fondateur de cette dynastie, fort
modeste gentilhomme, de famille obscure,
fut porté au trône par voie d'élection, grâce
aux suffrages d'une « *assemblée populaire* »
que dominait une bande de cosaques révol-
tés et à la faveur du chaos résultant du
temps des troubles (1613).

Sans compter le coup de main contre les
dékabristes, ses successeurs se sont maintenus au pouvoir à l'aide de dix-sept coups
d'Etat. Avec de pareils antécédents, il n'y
a vraiment pas de quoi faire la petite
bouche. Au demeurant, l'expérience des révolutions en Angleterre et en France devrait prouver aux partisans de la monar-
chie que le passage de l'arbitraire autocratique au régime de la légalité démocratique
ne peut se faire qu'au prix d'un changement de dynastie.

Avant l'heure, l'explosion de juillet 1917 a
fait sauter la chaudière où mijotaient les
éléments spécifiquement russes d'un empire électif, démocratique, socialiste, étatiste, fédéral et soviétique.

Jusque-là, les propagandistes maximalistes, en nombre infime au front, opéraient en sourdine, s'entourant de multiples précautions. A la menace de mesures énergiques dirigées contre eux, ils prirent peur, se terrèrent, disparurent, tant leurs points d'appui parmi les masses étaient fragiles et précaires. On sait à quelles capitulations aboutirent ces menaces. Les agents bolchevicks, plus hardis, plus nombreux, ne tardèrent pas à reparaître le masque levé. Que s'était-il passé ? Dans les temps modernes, nulle histoire n'est aussi fertile que l'histoire russe en tours de passe-passe invitant les spectateurs à se demander : « *Qui trompe-t-on ici ?* » Le mot de l'énigme est peut-être dans l'échec de la mission du baron Meyendorff chargé d'obtenir à Londres le consentement de l'Entente à ce que la Russie posât les armes sans s'attirer de représailles.

CONCLUSION

Auguste. Monk ou Cromwell ?

Grâce à leurs relations de familles, les représentants des classes privilégiées s'entendaient avec l'Allemagne dans l'intention de rétablir l'ancien ordre de choses. Dans les classes moyennes, le manque de ressort moral qui rend les Russes si dociles au despotisme, leur incapacité à s'organiser pour une résistance tenace, énergique, la défense de leurs droits amenèrent une inertie presque absolue. Dans le peuple, les terres à prendre et à partager, la riante perspective d'installer dans les fabriques, les usines, les ateliers, la dictature du prolétariat offraient aux convoitises un appât irrésistible. La bride sur le cou à la jeunesse déjà passablement émancipée et rebelle au frein, par-dessus tout, la promesse d'une paix immédiate dont aucun autre parti n'osait endosser la responsabilité. Tels sont, je crois, les facteurs qui ont permis à la minorité maximaliste de prendre le pouvoir. Aurait elle pu s'y maintenir aussi longtemps et se laisser aller aux néfastes excès de ses instincts malfaisants sans l'isolement politique et économique imposé à la Russie ? Pour ma part, je suis portée à en douter.

Ce n'est, après tout, qu'une hypothèse.

Le fait certain, c'est que les paysans sont les seuls à n'avoir pas fait un marché de dupes. Ils ont la terre et la gardent à titre de propriété privée. Et leur situation sous l'ancien régime, était de celles où l'on peut tout risquer parce que l'on n'a rien à perdre. Leur but atteint, ils se sont retournés contre les communistes. En se croisant les bras, en attendant pour produire au delà de leurs besoins que cette production puisse leur assurer la richesse, l'indépendance et le bien-être, ils ont tué dans l'œuf tout espoir d'organisation collectiviste. Au cours de son histoire, le paysan russe a acquis l'habitude de supporter en silence un si formidable lot de souffrances que la patience lui est facile à l'heure où il a en mains les éléments de la victoire finale. Au demeurant, les populations les plus cruellement atteintes par la famine ne sont pas des populations vraiment russes.

Si la banqueroute des Bolcheviks est totale dans leur tentative d'organisation, on ne peut pas même dire qu'ils aient abouti dans leur travail destructif. Sans pitié, sans arrêt, leur hache ensanglantée a décapité la robuste forêt russe, immense, vigoureuse, riche de sève. Mais elle tient au sol, enfoncée à des profondeurs où les farouches bûcherons ne peuvent atteindre. Elle repousse, prête à les étouffer dans le frémissement d'ardeurs nouvelles. Fortifiées par ce sauvage émondage, de jeunes ramures s'élancent du vieux tronc moscovite qui a résisté à bien d'autres assauts aussi formidables.

Selon toute probabilité, la Russie rurale de demain se montrera âpre au gain, attachée à ses écus et à ses terres, consciente de sa force, respectueuse de ses traditions nationales, religieuse et fidèle à la foi de ses pères, qui sortira de l'épreuve régénérée par la liberté et la pauvreté, patriote, d'un patriotisme peu belliqueux et dépouillé d'intentions agressives, mais exclusif, nuancé de défiance à l'égard des étrangers.

En matière de relations internationales,
elle obéira d'instinct d'abord, par la suite
d'après une ligne de conduite raisonnée à
cette politique intuitive qui a si souvent
forcé la main aux tsars et assuré parmi tant
de catastrophes successives la vitalité de
l'Etat. Son programme ne peut pas manquer d'être la réalisation de la fraternité
des peuples slaves, la crainte de l'hégémonie allemande et la protection en Orient,
des aspirations nationales des peuples op-
primés. A la menace de la résurrection de
l'hégémonie allemande en Europe centrale,
du triomphe de l'impérialisme anglais en
Orient, elle devra chercher un contrepoids
dans l'alliance avec la France. Mais le vrai
visage de la Russie moujik ne sera jamais
occidental. Il sera moscovite, c'est-à-dire
semi-oriental.

Par ailleurs, à beaucoup d'égards, la Russie offre moins d'analogies avec la France
de la période révolutionnaire qu'avec l'empire romain à l'époque de démagogie qui
s'étend des débuts de César et de Pompée
au triomphe d'Auguste. Ainsi, les pertes
territoriales de la Russie n'ont pas la signification que nous leur attribuons. Dans le
passé, elle n'a jamais fait, à proprement
parler, de guerres de conquêtes. Elle se
bornait à intervenir dans les affaires du
voisin, appelée par un groupe, un parti.
Elle prenait les armes pour défendre la
cause à laquelle elle accordait sa protection puis s'installait sous prétexte de garantir à ses clients les résultats acquis. Quitte,
par la suite, à accueillir, pour ne pas dire
à susciter, les griefs d'autres groupes réclamant la suppression de l'état de choses
en vigueur, à la condition, sans doute, d'y
trouver son compte.

Il ne faut pas s'attendre à voir surgir
des rangs de la nation ou de ceux du parti communiste un Monk ou un Cromwell,
encore bien moins un Napoléon. Il ne se-

rait peut-être pas impossible d'y découvrir l'étoffe d'un Octave.

L'Histoire est féconde en ironiques recom-
mencements. La tendance invincible des
révolutionnaires repus à se transformer en
conservateurs assagis est une des plus la-
mentables faillites par où s'affirme l'incapacité de l'humanité à réaliser son idéal.

Imp. Centrale de la Bourse, Paris.

TABLE DES MATIÈRES